AUS DEM INHALT

Vorwort

Immer mehr wird über das Gesetz der Anziehung gesprochen. Doch was genau ist das Gesetz der Anziehung und warum ist es für Sie interessant?

Genau das möchte ich Ihnen in diesem Buch genauer darlegen. Ich möchte Ihnen zeigen, warum es Ihr Leben besser macht, wenn Sie sich dem Gesetz der Anziehung bewusst sind. Sie werden durch dieses Buch lernen, wie Sie dieses Bewusstsein über das Gesetz der Anziehung ausleben und so Ihre Ziele erreichen können.

Sie fragen sich nun bestimmt, wie ein einziger Ratgeber auf die Ziele jedes Individuums die Antwort haben kann. Sie haben recht, wir verfolgen im Laufe unseres Lebens alle verschiedene Ziele. Dennoch möchten wir durch all unsere Ziele denselben Zustand erreichen: die absolute Zufriedenheit. Der einzige Unterschied ist, dass wir sie alle unterschiedlich erreichen. Um dieses Ziel – die absolute Zufriedenheit – zu erlangen, ist es wichtig die Herausforderungen, denen Sie gegenübertreten werden, zu kennen.

Dazu werde ich Ihnen Schritt für Schritt und anhand von Beispielen erklären, wie das Gesetz der Anziehung entsteht. Es steckt mehr dahinter als die richtigen Gedanken und Glaubenssätze. Sie werden alle beeinflussenden Komponenten kennenlernen und wie es Ihnen gelingt diese zu formen, damit Sie schlussendlich zu 100% dahinterstehen können.

Wahrscheinlich haben Sie bereits vom bekannten Buch «The Secret» gelesen. Es birgt eine sehr schöne Erklärung dazu, was das Gesetz der Anziehung mit sich bringt. Dieses Buch wurde aus dem spirituellen Aspekt geschrieben: Gleiches zieht Gleiches an.

Nun sind Sie vielleicht spirituell nicht sehr interessiert und bevorzugen Fakten und Transparenz. Wenn dem so ist, haben Sie sich genau für das richtige Buch entschieden. Denn obwohl das Gesetz der Anziehung durch Spiritualität entsprungen ist, gibt es auch einen psychologisch belegten Aspekt. Dieser veranschaulicht, dass das Gesetz der Anziehung uns alle betrifft und bei allen funktioniert.

Das Bewusstsein über das Gesetz der Anziehung wird Ihnen zudem eine ganz neue Perspektive von sich selbst und Ihren Mitmenschen geben. Sie werden angespornt mehr auf sich selbst einzugehen, um das zu erreichen, was Sie wirklich wollen.

Sind Sie bereit sich kennenzulernen und mit Hilfe des Gesetzes der Anziehung Ihre Ziele zu erreichen? Ist das der Fall, dann ist dieses Buch genau das richtige Werkzeug für Sie!

Mit den Tipps und dem Wissen aus diesem Buch werden Sie die Erfüllung ihrer Wünsche «anziehen» und Ihre Ziele erreichen.

Herzlichst,

Kristin Berger Loewenstein

Einleitung: Was Sie von Will Smith und Co. lernen können

Was machen Will Smith, Richard Gere und Denzel Washington in einer gemeinsamen Runde? Sie diskutieren über das Gesetz der Anziehung. Doch was haben diese Stars mit dem Gesetz der Anziehung zu tun? Und was sind ihre Meinungen dazu?

Die Stars liefern mir an einigen Stellen in diesem Buch sehr gute Beispiele. Denn sie sind durch das Gesetz der Anziehung genau dahin gekommen, wo sie heute stehen. Sie sind schön, sie sind reich, sie werden von den Menschen angehimmelt. Sie haben sich ein Ziel gesetzt und dieses auch erreicht.

Und sie haben verschiedene Meinungen zum Gesetz der Anziehung. Es gibt jene, welche sich bewusst damit auseinandergesetzt und auch eine Meinung dazu haben. Dann gibt es jene, welche keine Meinung zum Gesetz der Anziehung haben, da Sie sich noch nie bewusst damit auseinandergesetzt haben. Es gibt auch jene Prominenz, welche das Gesetz der Anziehung überhaupt nicht kennt.

Es ist also wie bei uns - bei den Nicht-Stars. Und trotzdem hat bei Ihnen etwas entscheidendes funktioniert, dass sie heute sind wo sie sind. Was ist es und worin besteht der Unterschied? Es ist schwierig, den Grund des Ruhmes jedes einzelnen Stars zu nennen. Man könnte von Talent sprechen, sollte es dies wirklich geben, oder vielleicht von Glück?

Eines kann ich Ihnen mit Sicherheit sagen: Stars haben von Anfang an einen starken Willen. Sie haben ein Ziel und geben alles dafür, um dieses auch zu erreichen.

Dennoch sind Stars keine Marsmenschen. Sie sind Menschen, genau wie Sie und ich: Sie sind zur Welt gekommen als Babys, ohne jegliches Vorwissen. Man kann vielleicht in Betracht ziehen, dass sie mehr- oder früher gefördert wurden, oder bereits durch Ihre Eltern im Rampenlicht standen.

Und doch nehmen wir sie uns oft als Vorbild. Wir bewundern sie, weil sie etwas erreicht haben in Ihrem Leben. Sie sind im Genuss von Sicherheit, Reichtum und Anerkennung vieler Menschen.

Doch was macht ausgerechnet Stars zu begehrten Objekten?

Genau, sie selbst. Ich werde Ihnen in den nächsten Kapiteln noch genau erläutern wieso dies der Fall ist. Eines vorab: Sie entscheiden den Wert, den Sie einer anderen Person, einem Ereignis, oder einem materiellen Gut geben.

Lady Gaga sagte einst in einem Interview, dass in jeder Person ein Star steckt. Das Problem ist: Wir glauben oft zu wenig an uns selbst, um den Star in uns zu entdecken, geschweige denn *auszuleben*.

Sehen Sie sich doch mal selbst als «Kreator» Ihres Lebens. Was würden Sie anders machen, wenn Sie könnten? Was würden Sie ändern, wenn Sie die Chance dazu hätten, dies zu tun? Gibt es eine andere Person, die Sie gerne sein würden, wenn Sie Ihren Körper für einen Tag verlassen könnten?

Und was, wenn ich Ihnen nun sage, dass Sie genau das, was Sie sich vorstellen, alles was Sie sich wünschen, auch realisieren können? Denn genauso ist es. Sie können alles sein, was Sie sein möchten. Sie sind verantwortlich für sich selbst und wie schon gesagt – Sie sind der „Creator“ Ihres Lebens.

Bewusstsein und Unterbewusstsein

Ich werde in diesem Buch oft von den vier Wörter bewusst, Bewusstsein, unbewusst und Unterbewusstsein sprechen. Ich möchte Ihnen daher genauer erklären, was ich damit meine und worin die Unterschiede liegen.

Bewusst und unbewusst

Es sind die Adjektive zu den Zuständen «Bewusstsein» und «Unterbewusstsein». Wir machen etwas bewusst oder unbewusst. Zum Beispiel: Wir setzen uns bewusst ein Ziel. Wir setzen uns unbewusst Glaubenssätze.

Bewusstsein und Unterbewusstsein

Das Bewusstsein und das Unterbewusstsein sind Zustände, die wir empfinden, wenn etwas bewusst oder unbewusst ist oder wird. Uns kann etwas bewusst/unbewusst sein, es muss aber nicht zwangsweise bis ins Bewusstsein/Unterbewusstsein kommen. Zum Beispiel: Das Ziel befindet sich in unserem Bewusstsein. Die Glaubenssätze befinden sich in unserem Unterbewusstsein.

Was genau ist "Das Gesetz der Anziehung"?

Einfach erklärt: Gleiches zieht Gleiches an. Doch dahinter steckt mehr und um mehr in die Tiefe zu gehen möchte ich mich auf zwei Ebenen fokussieren: die spirituelle- und die psychologische Ebene.

Am Ende können Sie selbst entscheiden, aus welchem Aspekt Sie das Gesetz der Anziehung sehen. Es gibt kein richtig und kein falsch. Die Erklärungen der beiden Aspekte sind zu Ihrem Verständnis. Respektiv haben Sie so die Möglichkeit, das Gesetz der Anziehung auch von der jeweils anderen Perspektive zu sehen.

Es ist keine Frage des Aspektes, aus dem Sie das Gesetz der Anziehung sehen möchten. Schlussendlich ist es egal, ob es der spirituelle oder der psychologische ist. Denn wie schon erwähnt gibt es weitere Komponenten zu beachten, damit das Gesetz der Anziehung bei Ihnen funktioniert. Ich spreche von der inneren Einstellung, Ihrem Umfeld und den Gedanken und Glaubenssätzen. Nur wenn Sie diese Komponenten kennen und sie auch wirklich zu Ihrem Besten ändern, wird das Gesetz der Anziehung auch bei Ihnen funktionieren.

Sie haben angefangen sich mit dem Gesetz der Anziehung zu befassen. Das ist der erste Schritt. Wenn Sie sich tiefer damit befassen, werden Sie feststellen, dass es einen großen Einfluss auf unser tägliches Leben hat.

Nun möchte ich Sie aber nicht mehr weiter gelüsten. Ich werde Sie mit diesem Buch über alles Nötige in Kenntnis setzen. So werden Sie sich zukünftig über all Ihre Ziele bewusst sein und diese auch erreichen.

Woher kommt das Gesetz der Anziehung?

Offiziell wurde es das erste Mal im 19. Jahrhundert von Helena Blavatsky thematisiert. Sie war die Mitbegründerin der zu dieser Zeit gegründeten theologischen Gesellschaft in New York. Die immer noch existente Gesellschaft glaubt an die Wiedergeburt und Karma.

Genauer gesagt handelt es von einer übernatürlichen Verbindung von lebenden Menschen zu - auf der Erde wandelnden - Seelen. Diese Seelen bleiben auf der Erde zurück, wenn unsere sterbliche Form den Tod findet. Unter der sterblichen Form ist unser Körper gemeint.

Helena Blavatsky und Ihre Anhänger praktizieren Sitzungen, um diese Seelen zu kontaktieren. So können die lebenden Menschen mit den toten Seelen kommunizieren bevor diese wieder geboren werden, in eine neue sterbliche Form.

Der andere Anker ist das Karma. Karma ist ein Wort, das heutzutage an jeder Ecke für enorm viele Aussagen genutzt wird. Doch was genau ist Karma?

Karma bedeutet, dass jede unserer Taten früher oder später eine Wirkung auf uns hat. Negative Taten beeinflussen unser Leben negativ und positive Taten beeinflussen unser Leben positiv. Diese Taten übergreifen auch unsere Wiedergeburt. Was wir also in einem Leben tun, beeinflusst auch unser nächstes. Sie sehen nun einen Link zum Gesetz der Anziehung, auf den sich auch Helena Blavatsky bezieht.

Wie kam dieser Gedanke an Karma zustande? Und warum trug Helena Blavatksy das Wort in die Welt, ohne dem Buddhismus beigetreten zu sein?

Helena Blavatsky wurde sehr jung verheiratet, genauer gesagt mit 17 Jahren. Sie entschied sich jedoch nach einigen Jahren ihren Ehemann zu verlassen. Der Grund war eine längere Reise durch verschiedene Länder. Aus einigen Jahren wurden schlussendlich 10 Jahre. Sie bereiste viele Länder und lernte alles mögliche über Religionen und Ihr Leben. Sie festigte dadurch Ihren Glauben an die Wiedergeburt und an Karma.

Wie Sie vermutlich erkennen, war Blavatsky eine Frau mit einem riesigen Repertoire an Wissen. Denn wie kann man an etwas glauben, wenn man nicht alle anderen Möglichkeiten für sich hinterfragt und ausgeschlossen hat?

Natürlich hat jeder eine andere Ansicht des Lebens. Dadurch hat jeder Mensch andere Möglichkeiten, die er oder sie in Betracht zieht. Genau diese gilt es zu hinterfragen und auszuschließen, oder weiterzuverfolgen.

Nicht bestätigte, respektiv belegte Lebensansätze oder Geschehnisse kann man glauben oder nicht. Es ist jedem freigestellt, was man für richtig oder falsch erachtet. Daher gibt es auch verschiedene Religionen, verschiedene politische Parteien, etc. Doch was genau sagt uns das über das Gesetz der Anziehung?

Helena Blavatsky hat sich über 10 Jahre mit dem Gesetz der Anziehung auseinandergesetzt. Sie war die erste Person, die das Gesetz der Anziehung als dieses thematisiert hat. Sie hat alle anderen für Sie möglichen Glaubenssätze durch Ihre Reise ausgeschlossen. Das Gesetz der Anziehung kommt also nicht von irgendwo oder ist eine neuzeitige Erscheinung. Es schlägt tiefe Wurzeln und wurde bereits in vorherigen Jahrhunderten ergründet.

Ich möchte auf das Wort „Karma" zurück kommen. Dieses kommt Ihnen sicher aus dem Buddhismus bekannt vor. Das Wort „Karma" ist Sanskrit und bedeutet auf Deutsch: Aktion/Arbeit/Tat. Um dies genauer zu beschreiben: Aktion für Aktion. Das Wort entstand im 5. Jahrhundert vor Christus und es ist eines der zentralen Anker des Buddhismus, der ebenso zu diesem Zeitpunkt von Siddharta Gautama gegründet wurde.

Das Gesetz der Anziehung hat also grundsätzlich einen noch viel weiter zurückliegenden Ursprung als das 19. Jahrhundert. Schon vor Christus' Zeiten hat man es gelebt. Einzig wurde es nicht als dieses thematisiert, sondern als „Karma".

Karma und das Gesetz der Anziehung

Der Unterschied ist die Wiedergeburt. Karma erstreckt sich hauptsächlich auf die Taten, die wir vollbringen und die auch nach unserer Wiedergeburt auf uns zurückfallen. Wenn wir also in einem Leben einer anderen Person schaden, wird der Schaden, wenn nicht im gleichen Leben, im nächsten auf uns zurückfallen.

Wohingegen das Gesetz der Anziehung sich auf unsere innere Einstellung, unsere Gedanken und Glaubenssätze „beschränkt". Einfach gesagt: unsere Gedanken ziehen Taten respektive Ergebnisse/Erfolge an. Dies verbindet diese beiden Begriffe mitunter.

Schicksal und das Gesetz der Anziehung

Wenn wir das Wort „Karma“ lesen, erscheint automatisch auch das Wort „Schicksal“ in unseren Gedanken. Doch ist Schicksal nicht dasselbe wie Karma? Und was hat Schicksal mit dem Gesetz der Anziehung zu tun?

Schicksal steht in direkter Verbindung mit Karma. Schicksal sind unvermeidbare Ereignisse, die in unserem Leben geschehen. Wenn wir nun Karma hinzunehmen, sind wir alle verantwortlich für die Ereignisse in unserem Leben, aufgrund unserer Taten.

Das Gesetz der Anziehung steht also ebenfalls in direkter Verbindung zum Schicksal. Man könnte also sagen: alle unsere Taten, unser Karma, und auch unser Schicksal gehen vom Gesetz der Anziehung aus.

Dies möchte ich Ihnen in einem Beispiel verbildlichen:

Gesetz der Anziehung: Ihr Ziel ist es, genügend Geld und Kleider zu sammeln, um Kindern in Afrika zu helfen. Ihr Ziel verwirklichen Sie 2 Jahre, nachdem Sie es sich gesetzt haben.

Karma: Sie haben eine gute Tat vollbracht. Es wird etwas Positives auf Sie zurückfallen, in diesem oder in Ihrem nächsten Leben.

Schicksal: Sie erhalten plötzlich einen Anruf, der besagt, dass Sie ab sofort monatlich Geld gesponsert erhalten, von einem Investor aus Ihrem Dorf.

Sie können an Schicksal und Karma glauben oder nicht. Das Buch wird für Sie in jedem Fall interessant sein und Sie auch dann weiterbringen, wenn Sie nicht daran glauben.

Spiritueller Aspekt

Im Absatz zur Herkunft habe ich Ihnen schon sehr tiefgründig den spirituellen Zusammenhang zum Gesetz der Anziehung erklärt. Ich werde in den folgenden Zeilen nicht tiefer darauf eingehen, dafür möchte ich Ihnen aufzeigen, wie Sie das Gesetz der Anziehung durch spirituelle Augen sehen können.

Aus spiritueller Sicht stützt sich das Gesetz der Anziehung nämlich auf die geistige Visualisierung unserer Ziele und Ideen. So ziehen wir automatisch das an, was wir uns innig wünschen.

Energien

Ein Pfeiler dieser Theorie sind unsere Energien. Denn, wie der Buddhismus besagt, bestehen wir Menschen und alles um uns herum aus Energie. Alles was wir uns wünschen, unsere Glaubenssätze und Taten, strahlen Energien aus oder ziehen Energien wie Magnete an. Daraus entstehen gewisse Resultate, für die jeder selbst verantwortlich ist. Alles was wir uns also wünschen und tun hat eine Auswirkung auf uns und die Lebewesen um uns herum.

Nun, warum sollen Sie verantwortlich sein für einen Streit von Personen aus Ihrem Umfeld?

Nehmen wir an Sie hatten einen miesen Tag bei der Arbeit. Ihr Chef kürzte Ihren Lohn, Ihr bester Arbeitskollege hat gekündigt, und Ihr Projekt wurde abgewiesen.

Sie kommen also miesgelaunt nach Hause und agieren aggressiv auf Ihren Partner. Ihr Partner ist die erste Konfrontationspartie, die Sie gerade finden. Zudem wissen Sie, wenn auch nur unbewusst, dass er Ihnen früher oder später verzeihen wird. Zu diesem Zeitpunkt strahlen Sie also unkontrolliert, wütende Energie aus.

Diese wütende Energie affektiert nun Ihr Umfeld. In Ihrem Umfeld gibt es möglicherweise Personen, die am gleichen Tag bereits mit negativer Energie konfrontiert wurden. Nun werden ebendiese Personen zusätzlich durch Ihre wütende Energie affektiert. Daraus resultiert schlussendlich ein ähnlicher Streit mit deren Partnern, den Sie auch mit Ihrem Partner schon hatten.

Vielleicht wurden sogar Sie bereits Opfer dieser negativen Energien, als Sie bei der Arbeit waren: Ihr Chef hat womöglich eine Budgetkürzung erhalten. Anstatt eine Personalkürzung vorzunehmen, hat er sich dafür entschieden, die Löhne zu kürzen. Ihr Lieblingskollege hatte immer dieselben Probleme mit einer Mitarbeiterin.

Diese Probleme ließen sich nicht lösen, wodurch er sich entschied, eine neue Herausforderung zu suchen. Ihr Projekt wurde abgewiesen, weil der zuständige Projektleiter gerade keine Ressourcen hat, um das Projekt umzusetzen.

Fast alles was passiert hat eine Begründung und ist ebenfalls auf die bereits angesprochenen Energien zurückzuführen. Dadurch sind unsere Energien auch dafür zuständig, was wir beeinflussen: nämlich unser Leben und das Leben um uns herum.

Oft reduzieren wir alles auf unsere Augen und verurteilen was wir sehen. Doch was, wenn mehr dahintersteckt?

Resonanz / Schwingungen

Der zweite Pfeiler unserer Reise durch den spirituellen Aspekt des Gesetzes der Anziehung sind die Schwingungen. Diese befinden sich um uns herum und wir verursachen sie durch unsere Gedanken, Wünsche und Gefühle. Anstatt von Schwingungen wird auch oft von Resonanz gesprochen. Dies ist jedoch genau genommen dasselbe.

Sie können sich zum besseren Verständnis die Schwingungen von einem Radiosender vorstellen. Wenn wir Radio hören, entstehen Schwingungen um uns herum. Diese Schwingungen können wir nicht sehen, aber auf einer gewissen Frequenz hören. Die gewisse Frequenz hören wir, wenn wir das Radio einschalten. Jedoch sind die Schwingungen des Radios eigentlich nicht nur aktiv, wenn wir es einschalten. Die Schwingungen sind auch da, wenn das Radio für uns nicht hörbar ist.

Diese Schwingungen, die wir mit keinem unserer Sinne wahrnehmen können, strahlen auch wir Menschen aus. Unsere Wünsche und Gedanken, die wir hegen, werden durch Schwingungen in die Umwelt hinausgetragen und kommen entsprechend wieder zurück.

Was heißt das genau? Wir wünschen uns zum Beispiel einen Partner. Durch diesen Wunsch denken wir fest daran, einen Partner zu finden. Wir malen uns bereits bevor wir den Partner überhaupt gefunden haben, aus, wie es mit ihm sein wird. Wir stellen uns dieses ganze Szenario so klar vor, dass die Schwingungen, welche dadurch erzeugt werden, diesen Partner auch zu uns führen.

Dies können wir schlussendlich auf all unsere Lebensbereiche ausweiten: Sie möchten ein Projekt erschaffen, um Flüchtlingen zu helfen oder setzen sich einen besser bezahlten Job oder einen Maserati in der Garage zum Ziel. Sie visualisieren Ihr Ziel vor dem geistigen Auge und glauben fest daran. Dadurch erzeugen Sie die benötigten Schwingungen, durch welche Sie Ihre Ziele anziehen werden.

Energien vs. Schwingungen

Nun stellt sich die Frage, was die beiden Pfeiler miteinander zu tun haben. Das Gesetz der Anziehung auf spiritueller Ebene definiert sich aus dem Zusammenspiel. Einerseits ist alles Energie und andererseits erzeugen wir Schwingungen, die wir aussenden und die wieder zu uns zurückführen. Die Energien und die Schwingungen halten alles was wir denken, wünschen und tun in Bewegung.

Der spirituelle Aspekt ist wissenschaftlich nicht belegt. Von vielen Personen wird er mit keinem unserer Sinne wahrgenommen. Dies sind auch die Gründe, warum dieser Aspekt häufig in Kritik gerät.

Mich hat es dazu motiviert, neben dem spirituellen Aspekt auch den psychologischen näher zu analysieren.

Psychologischer Aspekt

Der psychologische Aspekt hat weder mit Energien noch mit Schwingungen zu tun. Er besteht darin, dass wir unseren Fokus automatisch nach unseren Zielen richten. Wenn wir uns also ein Ziel setzen, richten wir uns so, dass wir dieses auch erreichen.

Nehmen wir beispielsweise an, dass Sie sich eine eigene Unternehmung im Bereich Online Marketing wünschen. Sie haben bereits eine genaue Vorstellung, wie Ihre Unternehmung sein soll. Sie sehen die Unternehmung eigentlich schon klar vor sich.

Was passiert nun? Ihr Hirn stellt sich auf Ihre Idee ein. Überall wo Sie nun hingehen, werden Sie alles Mögliche, das sich auf Ihre Unternehmung beziehen könnte, wahrnehmen. Auf der Straße sehen Sie Konkurrenten, potenzielle Kunden und Lokale zu vermieten. Überall wo Sie hingehen werden Ihnen passende Komponenten für Ihr zukünftiges Unternehmen auffallen.

Die Konkurrenz, die potenziellen Kunden und die zu vermietenden Lokale sind nicht neu. Sie nehmen diese nun einfach aktiv wahr. Bevor Sie Ihre Unternehmungsidee hatten nahmen Sie diese Dinge passiv oder gar nicht wahr. Grund dafür ist, dass diese Komponenten zu diesem Zeitpunkt noch nicht attraktiv waren.

Stellen Sie sich dasselbe mit einem gesundheitlichen Thema vor. Ihr Arzt informiert Sie darüber, dass Ihre Knieschmerzen aufgrund von Arthrose auftreten. Ganz betrübt laufen Sie aus dem Zimmer Ihres Arztes und sehen in der Arztpraxis eine Menge Plakate zum Thema Arthrose. Es scheint plötzlich alles auf Ihre Arthrose ausgerichtet zu sein. Die Plakate in der Arztpraxis wurden jedoch nicht neu aufgehängt. Sie haben diese beim Reinlaufen einfach nicht wahrgenommen.

Denn Sie interessieren sich erst wahrlich für das Thema «Arthrose», seit Sie selbst davon betroffen sind. Beim Gespräch mit Ihrer Freundin erfahren Sie, dass ihre Tochter ebenfalls an Arthrose leidet. Die Tochter hat nicht erst seit ihrem letzten Arztbesuch Arthrose. Es ist einfach das erste Mal, dass Sie sich wirklich dafür interessieren. Denn nun sind Sie ebenfalls von dieser Krankheit betroffen und nehmen jede Hilfe an, die Sie bekommen können.

Final sehen Sie im Fernseher dann auch noch Werbung zu schmerzreduzierenden Medikamenten für von Arthrose Erkrankten. Auch diese Werbung, wurde nicht erst gestern eingespielt. Sie läuft schon über eine längere Zeit, Sie haben sie einfach nie richtig wahrgenommen. Den Grund können Sie sich nun sicher selbst zusammenreimen.

Sie sehen, es handelt sich hierbei nicht um Zufälle. Es dreht sich alles um den Fokus, der Ihre Ziele immer wieder ändert. Das passiert mit all unseren Zielen und Wünschen. Wir stellen Sie uns vor und unser Hirn stellt sich darauf ein. Automatisch fokussieren wir uns mehr auf Dinge, die mit unserem Ziel im Zusammenhang stehen.

Jedoch ist die Änderung des Fokus noch nicht alles. Wir beginnen durch die Änderung in unserem Hirn auch automatisch zu handeln und unsere Wünsche zu realisieren. Die Fokusänderung, die vielen Eindrücke und das Thema, das nun so zentral liegt, motivieren uns zur Realisation des Ziels.

Der psychologische Aspekt ist belegbar durch die Messung von Hirnströmen.

Es ist schwierig zu sagen, was nun die Quintessenz ist und was nun das «richtige» Gesetz der Anziehung ist. Denn schlussendlich gibt es kein richtig oder falsch, auch bei der Ansicht der beiden Aspekte.

Ich persönlich habe bereits mit beiden Aspekten meine Erfahrungen gesammelt. Es gibt Tatsachen, die ich nicht weiter erklären kann. Und dann gibt es Begebenheiten, die ich ganz genau auf den psychologischen Aspekt zurückführen kann.

Ich rate Ihnen an, bei Ihrer nächsten Zielsetzung einmal genau darauf zu achten, was mit Ihnen und Ihrem Körper passiert. Vielleicht fühlen Sie die Energien oder vielleicht merken Sie wie sich Ihr Fokus verändert.

Die innere Einstellung

Bevor wir das Gesetz der Anziehung überhaupt zu unserem Vorteil nutzen können, ist es wichtig, dass unsere innere Einstellung stimmt. Denn ohne diese ist es unmöglich, das Gesetz der Anziehung überhaupt zu verstehen.

Zur inneren Einstellung gehören unsere Selbstliebe, unsere Wertehaltung, die Ziele, die wir uns setzen, und unsere Gefühle. All diese Komponenten beeinflussen das Funktionieren des Gesetzes der Anziehung.

Warum ist die innere Einstellung so wichtig?

Durch die innere Einstellung beeinflussen wir unsere Gedanken und Glaubenssätze. Diese haben einen direkten Einfluss auf unser Bewusst- und Unterbewusstsein. Dies sind die Orte, an denen das Gesetz der Anziehung zu Stande kommt. Sie sehen, es handelt sich um eine Kettenreaktion. Ich möchte das in einem kurzen Beispiel erklären.

Sie sind Projektleiter in einer großen Firma. Sie sind am Anfang Ihrer Karriere, nachdem Sie Ihr Studium abgeschlossen haben. Ihr erstes Projekt ist ein internes: Die Umstrukturierung von Arbeitsplätzen. Dafür sind Sie auf die Hilfe von verschiedenen Abteilungen angewiesen.

Sie stellen zu Beginn einen Projektplan zusammen und möchten sich an die Einteilung der verschiedenen Aufgaben machen. Plötzlich bemerken Sie, wie schwierig es Ihnen fällt, Aufgaben abzugeben. Sie sehen sich selbst als Teamplayer. Es fällt Ihnen jedoch schwer, anderen Personen Aufgaben aus Ihrem Projekt abzugeben. Sie kennen Ihre neuen Mitarbeiter noch nicht so gut. Zudem haben Sie bereits schlechte Erfahrungen mit Gruppenarbeiten während Ihrer Studienzeit gemacht, was sich so eingebrannt hat.

Da Sie sich nicht um alle Aufgaben kümmern können, geben Sie schlussendlich trotzdem einige der Aufgaben ab. Sie fühlen sich jedoch nicht gut dabei. Dieses schlechte Gefühl lässt Sie negative Gedanken hegen, welche Ihnen den Schlaf rauben.

Sie sind jeden Morgen müde und schlecht gelaunt. Zudem stört Sie neuerdings auch noch Ihre Frisur. Obwohl Sie bisher nie großen Wert daraufgelegt haben, sind Sie nun unzufrieden damit. Neben dem täglichen Kampf mit Ihrer Frisur gab es inzwischen auch noch eine Fahrplanänderung Ihres Busses. Durch diese Änderung kommen Sie entweder viel zu früh oder viel zu spät zur Arbeit. Sie fangen an, an sich zu zweifeln.

Jeder von uns hat ab und zu Zeiten oder Momente wie diese, an denen einfach alles schief läuft. Ich kann Ihnen diese niederschlagenden Momente weder nehmen, noch versprechen, dass Sie diese nicht mehr erleben werden. Ich kann Ihnen jedoch versprechen, dass wenn Sie an Ihrer inneren Einstellung arbeiten, diese Momente nicht mehr so prägend und niederschlagend sind.

Ich möchte Ihnen dies anhand desselben Beispiels veranschaulichen. In diesem Fall mit einer anderen inneren Einstellung. Sie werden sehen, wie wichtig die innere Einstellung für Ihren Alltag und somit auch für das Gesetz der Anziehung ist.

Wir gehen also von derselben Situation aus. Sie sind Projektleiter in einer großen Firma, direkt ab nach dem Studium. Auch das interne Projekt ist dasselbe, Sie benötigen wiederum Hilfe von verschiedenen Abteilungen. Sie haben den Projektplan erstellt und sind nun bereit zur Verteilung der Aufgaben.

Sie hatten viele negative Erlebnisse mit Gruppenarbeiten während Ihres Studiums, wie in der Situation zuvor. Nun sehen Sie jedoch in diesem neuen Projekt auch eine neue Chance. Zwischendurch haben Sie Momente, in denen plagt Sie trotzdem das mulmige Gefühl, dass etwas nicht so funktionieren könnte, wie Sie es sich wünschen, denn Sie können Ihre Teammitglieder nicht direkt beeinflussen. Anstatt diese Gefühle für sich zu behalten, wenden Sie sich an die einzelnen Teammitglieder und fragen den Stand ab.

Bei der Nachfrage sind Sie erstaunt, wie gut die Aufgaben bisher erarbeitet wurden. Sie freuen sich darüber und verlieren jeden negativen Gedanken daran. Sie gehen also positiv gestimmt mit ebendiesen Gedanken in den Feierabend. Sie schlafen gut und erwachen jeden Morgen erholt. Ihre Frisur stört Sie nicht, denn Sie haben Ihren äußeren Werten noch nie besondere Beachtung geschenkt.

Auch die Fahrplanänderung Ihres Busses kann Ihnen nichts anhaben. Da Sie flexible Arbeitszeiten haben, gehen Sie zukünftig einfach früher zur Arbeit, damit Sie am Abend auch früher aufbrechen können. Sie fangen nie an, an sich zu zweifeln. Warum auch? Es läuft alles genauso oder sogar noch besser, als Sie es sich wünschten.

Ihr Alltag kann sich also ins Positive ändern, «nur» durch die passende innere Einstellung. Denn ohne die positiven Gefühle ist es auch nicht möglich, das Gesetz der Anziehung auf positive Weise für sich und seine Ziele zu nutzen. Egal welcher Aspekt Sie mehr anspricht, der spirituelle oder der psychologische, es ist wichtig, dass Ihre innere Einstellung stimmt.

Es gibt noch eine weitere Komponente, die wichtig für das Gesetz der Anziehung ist: unser Umfeld. Mit diesem befasse ich mich später, sobald ich die einzelnen Komponenten der inneren Einstellung detailliert erklärt habe.

Selbstliebe

Was hat Selbstliebe mit dem Gesetz der Anziehung zu tun? Mehr als Sie im ersten Moment vielleicht denken. Denn wer sich selbst liebt, hat auch gleich andere Gedanken.

Sie haben beispielsweise feste Oberschenkel oder eine Glatze, die sie nicht mögen. Ich nenne dies in den nächsten Absätzen auch Problemzone/n. Jedes Mal, wenn nun jemand unabhängig von Ihnen über Ihre Problemzone spricht, fühlen Sie sich angesprochen, auch wenn Sie eigentlich gar nicht ins Gespräch mit einbezogen wurden.

Wenn Sie nun direkt auf Ihre Problemzone angesprochen werden, sind Sie sogar beleidigt oder eingeschnappt. Sie erhalten vom Gegenüber das Gefühl, dass er Sie nicht mag oder nicht respektiert, auch wenn sich das Gegenüber nie derartig geäußert hat.

Dies ist Ihre eigene Wahrnehmung, die Sie auf die Aussage einer anderen Person projektieren. Sobald Sie etwas an sich nicht mögen, reagieren Sie also sensibel auf Aussagen oder Gespräche bezüglich Ihrer Problemzone.

Sie interpretieren alles Schlechte in die Aussagen der anderen Person, weil Sie Ihre Oberschenkel oder Glatze nicht mögen. Dadurch ignorieren Sie jegliche Eigenmeinung der anderen Person und gleichzeitig fühlen Sie sich schlechter.

Neben Ihrer Problemzone haben Sie auch Körperteile oder Eigenschaften, die Sie mögen. Wenn Sie nun darauf angesprochen werden stufen Sie Aussagen anderer Personen automatisch positiv ein. Nehmen wir an, Sie sind besonders gut im Kochen. Wenn nun jemand über Ihre Kochkünste spricht reagieren Sie völlig selbstsicher und stufen die Person als respektvoll ein. Sie lassen der anderen Person Raum für die eigene Meinung und fühlen sich automatisch besser.

Wenn Sie nun also eine Problemzone oder Eigenschaft plagt, versuchen Sie diese doch mal von einem anderen Winkel zu betrachten. Respektiv versuchen Sie Aussagen von anderen Personen anders zu gewichten.

Sie haben eine Eigenschaft, die Sie nicht mögen?

Eines vorab: Herzlichen Glückwunsch! Sie sind eine von wenigen Personen, die sich über die eigenen Eigenschaften Gedanken macht. Das ist sehr mutig und vor allem auch stark.

Sie haben gestartet, nicht nur Äußerlichkeiten wie Ihren Körper oder Eigenschaften anderer zu kritisieren. Vielmehr beschäftigen Sie sich mit Ihren Eigenschaften.

Zuallererst, woher kommen eigentlich unsere Eigenschaften?

Direkt nach unserer Geburt kennen und wissen wir nichts. Wir müssen also alles zuerst erlernen: Schreien, Lachen, Essen, etc. Alles was für uns heute selbstverständlich ist, war uns als Baby noch unbekannt.

Wir erlernen also alles durch unsere Eltern und Verwandten, und später werden wir geprägt von Freunden und der Umwelt, wie dem Internet. Über all die Jahre entwickeln wir aus Situationen automatisch Eigenschaften und so Verhaltensweisen. Diese sind uns zum Entwicklungszeitpunkt meist nicht bewusst und darum ist es unmöglich Ihre Entstehung zu hinterfragen.

Nach einigen Jahren der Existenz bemerken wir dann, dass es Situationen gibt, die uns glücklich oder unglücklich stimmen. Wir fangen an, Situationen, die uns unglücklich stimmen, zu hinterfragen. Daraus resultiert meistens eine Verhaltensweise, die zu dieser Situation geführt hat. Und diese Verhaltensweise hat ihre Wurzeln in einer unserer Eigenschaften.

Wir beginnen uns mehr mit unseren Eigenschaften auseinanderzusetzen und stellen fest, welche Eigenschaft es ist, die wir nicht (mehr) mögen. Wir erschaffen Eigenschaften durch den äußeren Einfluss, diese Eigenschaften bestätigen wir dann immer wieder, was sie uns schlussendlich als richtig erscheinen lässt.

Es kann durchaus sein, dass es Eigenschaften gibt, die vielleicht zu einem früheren Zeitpunkt mal in unser Leben gepasst oder uns einfach nicht gestört haben. Wenn wir uns entwickeln, kann es jedoch sein, dass gewisse Eigenschaften nicht mehr in unser Leben passen.

Es gibt Menschen, welche Ihre Eigenschaften analysieren und sie finden tatsächlich eine, welche sie stört. Da es Ihnen jedoch an der Einsicht fehlt und sie keine Zeit investieren möchten, ändern sie auch nichts daran. Sie suchen Entschuldigungen wie: «Ich bin halt so» oder «Ich wurde halt so erzogen».

Das ist natürlich richtig, aber auch einfach. Diese Personen sind nicht wie Sie - mutig und willig auf ein nachhaltiges, glückliches Leben. Denn Sie haben eingesehen, dass Sie selbst für Ihr Leben und Ihr Glück verantwortlich sind. Sie haben angefangen, Ihr Leben selbst in die Hand zu nehmen, mit dem Gedanken an die Änderung einer Eigenschaft.

Warum braucht es Mut für die Änderung einer Eigenschaft? Um eine Eigenschaft zu ändern müssen wir einsehen, dass wir einen Teil von uns nicht zu 100% lieben. Das heißt, wir kritisieren uns und auf Kritik reagieren wir normalerweise eher sensibel.

Zudem braucht es Zeit, um eine Eigenschaft zu ändern, denn wie geschrieben braucht es lange und eine Menge an Bestätigung, damit wir eine Eigenschaft für uns als «richtig» einstufen. Es ist jedoch nicht unmöglich eine Eigenschaft zu ändern! Wenn Sie also den Entschluss gefasst haben die Änderung oder Abgewöhnung einer Eigenschaft anzugehen, haben Sie Geduld.

Ich möchte Ihnen in vier Schritten einen Weg aufzeigen, wie Sie die Änderung einer Eigenschaft angehen können:

1. Schritt: Erkennen

Sie setzen sich mit einer Situation auseinander, die vielleicht schon mehrere Male hervorgetreten ist und in Ihnen ein negatives Gefühl auslöst. Aus Ihrer Analyse resultiert eine Eigenschaft, durch die Sie sich noch nicht 100% lieben können. Sie entscheiden, dass Sie etwas ändern möchten.

2. Schritt: Einsehen

Sie haben die Eigenschaft, die Sie nicht mögen, erkannt. Es folgt das Einsehen in allen möglichen Situationen, in denen die Eigenschaft zum Vorschein tritt. Im ersten Moment kann dies schockierend oder verletzend sein. Denken Sie jedoch daran: Sie sind auf einem sehr guten Weg!

3. Schritt: Informieren

Sie wissen nun, wie Sie in den verschiedenen Situationen reagieren und was nicht Ihrem Willen entspricht. Nun können Sie starten sich zu informieren.

Stellen Sie sich verschiedene Fragen: Ist es möglich die Eigenschaft aus einem positiven Blickwinkel zu sehen? Birgt die Eigenschaft positive Aspekte für Sie? Falls Sie nichts Positives an dieser Eigenschaft finden, wie können Sie sich die Eigenschaft abgewöhnen?

Dies ist ein sehr wichtiger Schritt. Ich rate Ihnen, sich so viele Fragen wie möglich zu stellen. Daraus können Sie dann ein Ziel entwickeln und dieses visualisieren.

4. Ziel setzen

Es ist wichtig, dass Sie sich ein Ziel setzen. Nur so haben Sie einen Fokus, auf den Sie hinarbeiten können.

Nehmen wir uns den Schauspieler Jim Carrey als Beispiel. Er hat sich 1992 einen Scheck über 5 Millionen USD ausgestellt. Zu diesem Zeitpunkt hatte er noch keine Karriere als Schauspieler, geschweige denn 5 Millionen USD. Sein Ziel war es jedoch bis Thanksgiving 1995 diese 5 Millionenschwelle zu erreichen.

Was passierte? Noch vor Thanksgiving 1995 stellte Jim Carrey fest, dass sich über 10 Millionen USD auf seinem Konto befinden.

Ich kann Ihnen nicht versprechen, dass sich durch dieselbe Zielsetzung über 10 Millionen USD auf Ihrem Bankkonto befinden werden, ich möchte Ihnen jedoch damit aufzeigen, wie wichtig es ist, ein Ziel zu haben.

5. Schritt: Umsetzen

Nicht zuletzt beglückte sich Jim Carrey über 10 Millionen USD auf seinem Konto, weil er sich «nur» das Ziel gesetzt hat, dahinter steckt Arbeit. Ich kann Ihnen nicht sagen wie hart oder einfach die Arbeit zu den Millionen ist, jedoch kann ich Ihnen versprechen, dass ohne die Umsetzung noch nie etwas erreicht wurde.

Sie setzen sich zum Beispiel das Ziel nicht mehr jähzornig zu sein. Sie kennen zu diesem Zeitpunkt alle Situationen, in denen Sie jähzornig reagieren. Zudem sind Sie sich bewusst, was Sie ändern müssen, um sich diesen Jähzorn abzugewöhnen.

Nun ist es wichtig, dass Sie diese Änderungen auch proaktiv umsetzen. Fragen Sie sich jedes Mal, wenn Sie jähzornig reagieren, oder schon wenn der Jähzorn hochkommt, warum dies nun passiert. Wenden Sie dann die Taktik an, welche Sie in der Informationsphase entdeckt haben.

Sie werden bemerken, wie Sie jedes Mal bewusster reagieren, wenn Sie den Jähzorn verspüren. Zudem werden Sie stolz sein, weil Sie dies so bewusst erleben und der Zorn gar nicht erst ausbricht.

Wie bereits gesagt benötigen Sie Zeit für die Änderung einer Eigenschaft. Nehmen Sie sich diese und ich verspreche Ihnen, dass Sie sich um einiges besser fühlen. Denn was gibt es schöneres, als mit den eigenen Eigenschaften im Einklang zu sein?

Sie sind mit einem Körperteil von Ihnen nicht im Einklang?

Magazine und Plattformen teilen uns mit, wir sollen uns selbst lieben mit all unseren Makeln. Einerseits gebe ich diesen Magazinen und Plattformen recht, doch andererseits liegen Sie falsch.

Wir alle, Männer und Frauen, benötigen immer ein Projekt in unserem Leben, an dem wir arbeiten können. Manchmal bestehen unsere Projekte daraus, eine Firma zu gründen, eine Party zu planen oder Dritte-Welt-Länder zu unterstützen. Wenn unser Projekt jedoch gerade in keinem anderen Bereich liegt, ist es zu 99% unser Körper, den wir als Zielscheibe nehmen.

Zu 1% setzen wir uns Ziele in unserem Innenleben – zum Beispiel widmen wir uns unseren Eigenschaften. Da dies aber mehr Zeit beansprucht, weniger populär ist, und mehr Schmerzen verursachen kann, fokussieren wir uns auf etwas Oberflächliches – unseren Körper.

Unser Bauch ist zu dick, die Armmuskulatur sieht nicht mehr gleich straff aus wie noch vor 10 Jahren, oder das Becken ist zu breit. Irgendeinen Makel finden wir immer und glauben Sie mir, wenn der Bauch wieder flach ist, sind die Oberschenkel das Problem.

Wir suchen unser ganzes Leben lang nach Projekten. Wenn Sie nun also Ihr Projekt in einem Körperteil sehen, gibt es zwei verschiedene Wege dies anzugehen:

Entweder Sie passen den Körperteil WIRKLICH an,

oder Sie sind zufrieden und nehmen Ihren Körperteil an, wie er ist.

Wenn das doch so einfach wäre. Ich gebe Ihnen recht, das ist es nicht. Sie benötigen auch hier Zeit und Geduld. Es spielt dabei keine Rolle, ob Sie das Körperteil WIRKLICH anpassen möchten oder sich entscheiden, den bestimmten Körperteil zu akzeptieren und zu lieben.

Für was Sie sich auch entscheiden, ich möchte Ihnen anraten, sich diese Zeit zu nehmen, denn Sie sind das Wichtigste in Ihrem Leben. Sie sind das Einzige in Ihrem Leben, dass Sie zu 100% verändern und optimieren können. Es ist weder möglich Ihre Umwelt noch Ihr Umfeld zu beeinflussen, dass es Ihnen zu 100% zusagt. Sie haben jedoch die Möglichkeit an sich selbst zu arbeiten und zufrieden zu sein, mit dem was Sie haben und mit dem was Sie sind.

Wie Sie sehen ist das Schlüsselwort für die Anpassung von Eigenschaften und auch von Körperteilen: Geduld. Ich kann Ihnen nicht sagen, wie viel Zeit Sie benötigen, denn jede Person benötigt ein anderes Zeitspektrum. Ich kann Ihnen jedoch versprechen, dass Sie ein unglaublich schönes Gefühl verspüren werden, nachdem Sie Ihre Problemzone am Körper oder Ihre Eigenschaft, die Sie nicht mögen, geändert oder sich abgewöhnt haben.

Manchmal sind es kleine Dinge, die eine große Auswirkung auf unser gesamtes Leben haben. Deshalb nochmals an dieser Stelle: Sie sind es wert, jede einzelne Stelle und jede einzelne Eigenschaft an sich selbst zu lieben. Denn wenn Sie sich nicht selbst wahrhaftig lieben, wie können Sie dann wahre Liebe an andere weitergeben oder wahre Liebe empfangen?

Sie sehen nun warum die Selbstliebe ein zentraler und wichtiger Faktor im Gesetz der Anziehung ist. Wer sich nicht vollkommen selbst liebt (mit allen Eigenschaften und Körperzonen) kann auch keine Liebe anziehen. Wer negativ über sich selbst denkt, der wird auch Negativität anziehen.

Ich kann Ihnen hierzu noch einen Tipp geben, bevor ich das Thema abschließe. Denken Sie daran, wie Sie mit Ihren Freunden umgehen. Dann denken Sie daran, wie Sie mit sich selbst umgehen. Haben Sie die gleiche Geduld für sich selbst wie für Ihre Freunde? Wenn nicht, sehen Sie sich als Freund und behandeln Sie sich auch so.

Hiermit schließe ich das Thema «Selbstliebe» ab und schreite zu meinem nächsten Thema der inneren Einstellung: der Wertehaltung.

Wertehaltung

Wie auch die Selbstliebe ist die Wertehaltung ein sehr wichtiger Aspekt im Gesetz der Anziehung. Die Selbstliebe hat mit der Liebe zu sich selbst zu tun. Die Wertehaltung hat damit zu tun, wie wir unsere Werte (Liebe, Geld, Karriere, etc.) setzen und wie wir in gewissen Situationen aufgrund dieser Wertsetzungen reagieren.

Was ist der Unterschied zwischen unserer Einstellung und unseren Werten? Wie das Wort «Einstellung» schon sagt handelt es sich dabei um unsere Stellung zu einer bestimmten Situation.

Den genannten Situationen können wir verschiedene Werte geben. Wir schätzen jedoch nicht nur Werte an Situationen, wir schätzen auch Werte an Personen, Gefühlen, Dingen, dem Status oder eben Eigenschaften.

Wie entstehen unsere Wertehaltungen?

Ähnlich wie Eigenschaften werden Wertehaltungen mit der Zeit unbewusst gebildet und immer wieder bestätigt. Diese Bestätigungen erfolgen durch unsere Eltern, durch unsere Umwelt, und das Umfeld.

Wir entwickeln Ideale für Geld, Karriere, Beziehungen, Körper, etc. Diese Ideale sind Werte. Es gibt Personen, für die Karriere und das

Einkommen enorm wichtig sind. Dann gibt es Personen, für die Liebe zum Beruf wichtiger ist als ihr Einkommen. Oft haben Werte auch damit zu tun, wie etwas vorgelebt wurde.

Nehmen wir das Beispiel einer Familie mit zwei Kindern. Der Vater ist ein Arbeitstier und legt viel Wert auf eine gute Bildung und ein gutes Einkommen. Die Mutter legt keinen großen Wert auf das Geld und setzt den Fokus viel mehr auf die Beziehung zur Familie.

Es ist sehr wahrscheinlich, dass daraus ein Kind entsteht, dass großen Wert auf Bildung, Karriere und Geld setzt. Dieses Kind wird sich dafür zwischenmenschlich nicht auf tiefere Bindungen einlassen. Im Gegenteil dazu wird das andere Kind vermutlich den Fokus eher auf Zwischenmenschlichkeit und tiefe Bindungen zur Familie und zum Partner setzen. Das Geld und die Karriere bleiben für dieses Kind eher zweitrangig.

Es besteht natürlich auch die Möglichkeit, dass sich beide Kinder in das gleiche Extrem entwickeln, oder je nach Umfeld in eine ganz andere Richtung.

Im Laufe unseres Lebens entwickeln und verändern sich unsere Werte ständig. Dies passiert, weil wir uns selten über einen langen Zeitraum in derselben Position oder Situation wiederfinden. Unsere Lebensumstände verändern sich mit neuen Partnern, neuen Jobs, neuen Wohnorten, etc.

Es gibt jedoch Werte, die bleiben ein Leben lang: unsere Grundwerte.

Die drei Hauptkategorien der Grundwerte sind Liebe, Freiheit und Macht. Hinter diesen Grundwerten stehen enorm viele Unterkategorien:

Liebe: Beziehungen, Menschen, Zuneigung, Partnerschaft, Familie, etc.

Freiheit: Reisen, neues Lernen, Kulturen, Ungebundenheit, etc.

Macht: Status, Ausbildung, Geld, Job, Karriere, Einkommen, etc.

Wir könnten unser ganzes Leben in die drei Kategorien einteilen, durch Stichworte. Sie werden sehen, dass wir oft nicht nur einen Schwerpunkt in der Wertehaltung, sondern eine Mischung unter den drei Hauptkategorien vorliegen haben.

Vielleicht sehen Sie Ihren Schwerpunkt der Werte in einem der Hauptkategorien. Das heißt jedoch nicht, dass Sie an den anderen beiden Hauptkategorien nicht interessiert sind. Das heißt lediglich, dass sich Ihre Reaktion in gewissen Situationen unterscheidet. Dies passiert, weil Sie alles unbewusst aufgrund Ihrer Grundwerte ausführen.

Die Grundwerte sind tief in uns verankert und machen einen großen Teil unseres Lebens aus. Ich möchte daher anhand eines Beispiels etwas tiefer in die verschiedenen Grundwerte eingehen.

Sie machen eine größere Reise durch Südamerika und sind gerade in Ihrem Motel in La Paz, Bolivien angelangt. Sie freuen sich riesig aufs Essen, weil Sie schon seit Stunden unterwegs sind. Sie gehen also kurz raus und holen sich „To Go“ etwas vom Bolivianer drei Straßen weiter unten.

Das Wasser läuft Ihnen bereits im Mund zusammen und Sie freuen sich schon riesig auf den ersten Bissen. Plötzlich sehen Sie auf der linken Straßenseite drei Kinder. Die Kinder weinen vor Hunger und die Mutter versucht verzweifelt an Geld zu kommen.

Leider ist die Straße fast leer, da bereits 23 Uhr ist.

Durch die nachfolgenden Beispiele möchte ich Ihnen aufzeigen, wie Sie möglicherweise aufgrund der verankerten Grundwerte auf die beschriebene Situation reagieren würden:

Wertehaltung Schwerpunkt «Liebe»

Sie sehen die Familie und denken verzweifelt nach, wie Sie ihr helfen können. Auch wenn Sie noch so hungrig sind können Sie einen klaren Gedanken fassen. Sie entscheiden sich der Familie Ihr Essen zu überlassen. Sie gehen erneut zum Bolivianer und holen sich eine neue

Portion. Immer noch von mulmigem Gefühl geplagt und in Gedanken bei der armen Familie gehen Sie nun zurück ins Hostal.

Wertehaltung Schwerpunkt «Freiheit»

Sie sehen die Familie und sind etwas bestürzt. Sie denken daran, wie viele Familien Sie schon so gesehen haben und dass Sie bisher schon einigen geholfen haben mit Geld oder Essen. Sie entscheiden sich weiterzugehen, um im Hostal gemütlich Ihr Essen einzunehmen.

Wertehaltung Schwerpunkt «Macht»

Sie sehen die Familie und sind etwas bestürzt. Die Bestürzung hält nicht lange. Sie laufen weiter mit dem Gedanken, dass Sie auch etwas aus Ihrem Leben machen mussten, um heute die Möglichkeit zum Reisen zu haben. Sie gehen also zurück ins Hostal, um Ihr Essen einzunehmen.

Ohne zu urteilen versuchen Sie sich in die beschriebene Situation einzudenken. Wie würden Sie reagieren? Oder wiederspiegelt keines der Beispiele Ihre Reaktion?

Wir können auch hier wieder davon ausgehen, dass jede Person anders reagiert. Jedoch gibt es unter den Grundwerten Musterreaktionen, weshalb Sie sich wahrscheinlich trotzdem in einem der beschriebenen Bespiele wiederfinden werden. Wir können niemanden verurteilen für seine oder ihre Reaktion, denn jeder reagiert entsprechend der Grundwerte.

Was ich stattdessen anrate ist das Hinterfragen der Reaktionen von anderen. Warum reagiert eine Person, wie sie reagiert? Oft stecken keine guten oder bösen Absichten hinter unseren Taten, sondern einfach unsere Wertehaltungen.

Sehen Sie sich als Individuum

Dazu möchte ich mit einer ganz trockenen Frage starten: Warum funktioniert ein Unternehmen mit 500 Personen?

Eigentlich sollte sich eine Konstellation mit dieser Menge an Menschen sehr schwierig gestalten. Warum? Stellen Sie sich vor: 500 Personen, jeder ein Individuum, jeder mit einer eigenen Meinung, jeder mit eigenen Erfahrungen.

Das ist der Grund, warum die Menschheit Hierarchien und Positionen erschaffen hat. Diese sind nicht dazu da, dass wir eingeordnet werden und auf einmal alle gleich ticken. Das wäre ein Ding der Unmöglichkeit und würde zudem das Unternehmen auch nicht zum Laufen bringen. Nein, diese Hierarchien und Positionen sind dazu da, dass wir Individuen bleiben, jedoch in unserer Hierarchiestufe und Position.

Wir arbeiten in einer Position, in der wir uns auskennen und dadurch wahrscheinlich in dieser auch gut sind. Jede andere Person tut dasselbe in Ihrer jeweiligen Position und so bringen wir eine ganze Unternehmung zusammen, die funktioniert.

Dieses Beispiel können wir auf alle verschiedenen Lebensbereiche anwenden. Sie sehen wie wichtig es ist, dass Sie sich als Individuum sehen und sich auch so behandeln.

Machen wir ein weiteres Beispiel, das von sozialen Medien ausgeht. Wenn Sie Heidi Klum sehen, die mit fast 50 Jahren immer noch eine Top-Figur hat, heißt das nicht, dass dies ihr Ideal sein muss. Alles hat den Wert, den Sie dafür vergeben.

Ein anderes Beispiel ist Geld. Geld ist heutzutage natürlich enorm wichtig für die Wirtschaft und den Handel. Nehmen Sie sich jedoch eine Banknote zur Hand und denken Sie sich den Wert weg. Was halten Sie nun noch in der Hand? Ein spezielles Stück Papier, nicht wahr?

Damit möchte ich nicht sagen, dass Sie den Banknoten den Wert geben können, den Sie möchten. Ich möchte Ihnen hiermit nur zeigen, dass wir allem einen Wert und somit eine entsprechende Wichtigkeit zuschreiben.

Natürlich gibt es Ankerpunkte, die uns zu Homo Sapiens machen. Dazu gehört zum Beispiel der Grund warum wir jeden Morgen aufstehen und zur Arbeit gehen: Wir benötigen Geld. Dieses dient dazu unser Leben zu finanzieren und sichert so unser Überleben, abgesehen davon, ob wir unseren Job mögen oder nicht.

Was soll das nun heißen? Ich möchte damit sagen, dass wir alle Individuen sind. Dennoch stammen wir alle von derselben Rasse ab: den Homo Sapiens. Wir alle sind Eigen und erachten etwas anderes für richtig oder falsch. Das gibt uns auch die Möglichkeit an verschiedene Religionen zu glauben und verschiedenen Ausbildungen nachzugehen. Sehen Sie sich also auch als Individuum.

Ich möchte an diesem Punkt zu den Grundwerten Liebe, Freiheit und Macht zurückkehren. Denn auch wenn Sie sich als Individuum sehen wird es vielleicht Werte geben, die Sie an sich stören oder die Sie unglücklich machen. Dann ist es wichtig, dass Sie diesen Wert auch proaktiv angehen und ändern.

Wie kann ich einen Wert verändern?

Gleich wie bei den Eigenschaften bemerken wir oft nicht wann die verschiedenen Werte entstehen. Wir bemerken jedoch, wenn gewisse Werte anfangen uns zu stören oder nicht mehr in unser Leben passen.

Sich einen Wert abzugewöhnen oder ihn zu ändern ist schwierig, aber wiederum nicht unmöglich. Doch das wichtigste ist, wenn Sie sich einen Wert abgewöhnen oder ihn ändern, kann dies lebensverändernd sein. Meistens ist es eine Lebensverbesserung und vor allem bringt es Ihnen Zufriedenheit für Ihr gesamtes Leben.

Um diese Änderung oder Abgewöhnung vorzunehmen können Sie sich wieder auf die vier Schritte des vorherigen Kapitels zur Änderung einer Eigenschaft stützen:

1. Schritt: Erkennen

Sie setzen sich mit einer Situation auseinander, in welcher Sie Ihre Reaktion als störend empfinden. Sie analysieren diese Situation. Aus Ihrer Analyse ergibt sich, dass es sich um einen Wert handelt.

2. Schritt: Einsehen

Sie machen sich nun Gedanken, wo sich dieser Wert sonst noch durchsetzt, in welchen Angelegenheiten, Situationen oder Diskussionen. Sie fühlen zum heutigen Zeitpunkt vielleicht auch Scham oder ein Unwohlsein. Denn wenn die Situation heute auftreten würde, wäre Ihre Reaktion anders. Das ist völlig in Ordnung. Denken Sie daran: Sie sind ein Homo Sapiens und sind gerade daran diesen Wert zu hinterfragen und zu ändern.

3. Schritt: Informieren

Machen Sie sich Gedanken und forschen Sie nach, wie Sie diesen Wert verändern oder sich abgewöhnen können. Vielleicht gibt es auch hier eine Person, die Sie sich zum Vorbild nehmen können. Klären Sie hier so viele Fragen wie möglich auf: Warum entstand dieser Wert? Warum passt der Wert nicht mehr in Ihr Leben? Wie könnte der Wert aussehen, dass er Ihnen wieder zusagt?

4. Schritt: Ziel setzen

Aufgrund der Antworten auf die im vorherigen Schritt gestellten Fragen setzen Sie sich ein Ziel. Sie benötigen ein Ziel, denn auch hier gilt: wenn Sie keines haben, können Sie auch nichts erreichen/ändern.

5. Schritt: Umsetzen

Ohne die Schritte auszuführen, über welche Sie sich zuvor erkundigt haben, passiert nichts zur Folge. Hinterfragen Sie Ihre Reaktionen in zukünftigen, ähnlichen Situationen. Oft ist es einfacher, wenn Sie sich eine Person als Vorbild nehmen. So haben Sie die Möglichkeit, sich diese Person und ihre Reaktion in derselben Situation vorzustellen.

Sie werden auch hier bemerken, wie Sie immer besser auf die Situationen reagieren und sich immer weniger an Ihrem Wert stören. Sie brauchen Zeit für diese Änderung, diese Zeitinvestition werden Sie jedoch mit Sicherheit nicht bereuen. Im Gegenteil, Sie werden stolz auf sich selbst sein und wie versprochen eine tiefe Zufriedenheit verspüren.

Wie schon vorher angesprochen werden Sie mit der Änderung oder Abgewöhnung eines Wertes auch eine Lebensveränderung spüren. Die Lebensveränderung hat auch mit der Ansicht vieler zukünftiger Geschehnisse zu tun.

Sie haben zum Beispiel Ihren hohen Wert für Job, Status und Karriere gemindert. Sie haben bemerkt, dass Sie diesen Wert zu hoch priorisiert haben und er Sie sogar in Ihrer Karriere gebremst hat. Sobald Sie Ihr Ziel erreicht haben, werden Sie sehen, dass Sie plötzlich anders reagieren, wenn diese Themen zur Sprache kommen. Sie sind relaxter und tolerieren automatisch mehr.

Sie erhalten neue Ideen von anderen Personen und Ihrem Leben. Neue Denkanstöße werden Ihr Leben bereichern und dieses neu gestalten. Es wird sich sehr wahrscheinlich nicht augenblicklich Ihr komplettes Leben verändern. Sie werden jedoch Änderungen feststellen in verschiedenen, auch unerwarteten Bereichen.

Sie werden an den Punkt gelangen, an dem Sie sich sicher fühlen mit all Ihren Werten. Wenn Sie diesen Punkt erreicht haben, strahlen Sie Ihre gewonnene Selbstsicherheit aus und fühlen sich rundum wohl damit. Sie lernen nun dieses neue SIE zu lieben.

Diese Selbstliebe hilft Ihnen nun selbstbewusst für Ihre Meinung einzustehen. Sie werden nicht mehr an sich oder Ihrer Meinung zweifeln. Dieses Gefühl wird sich in Ihrem ganzen Körper ausbreiten. Dadurch, dass Sie dieses Gefühl nun auch ausstrahlen, werden Sie automatisch von Ihrer Umwelt ernst genommen.

Zudem verbreiten Sie dieses positive Gefühl und motivieren damit auch Ihre Umgebung. Die Änderung oder Abgewöhnung eines Wertes kann also einen Dominoeffekt hervorrufen, mit dem Sie sich rundum hervorragend fühlen werden. Genau dieses Gefühl sind Sie sich wert.

Ziele

Da ich bereits einige Male erwähnt habe, wie wichtig die Zielsetzung ist, möchte ich detaillierter darauf eingehen. Denn die Ziele sind auch ein zentrales Thema im Gesetz der Anziehung.

Was ist ein Ziel?

Ein Ziel ist ein positiver, in der Zukunft liegender Zustand oder Gegenstand. Wir wünschen uns, dass dieser Zustand eintrifft oder wir über den gewünschten Gegenstand verfügen. Es gibt materielle oder immaterielle Ziele. Zu den materiellen Zielen gehört zum Beispiel ein Auto oder Geld. Zu den Immateriellen Zielen gehört zum Beispiel Liebe oder eine Reise.

Wie entstehen unsere Ziele?

Oft entwickeln sich Ziele aus Szenen, Erlebnissen oder Bildern, die wir in der Dauer unseres Lebens sehen und bewusst oder unbewusst wahrnehmen. Meistens kreieren wir unsere Ziele aus Bedürfnissen. Wogegen Bedürfnisse einfach entstehen, kreieren wir unsere Ziele bewusst oder unbewusst selbst.

Weil wir unsere Ziele selbst kreieren, ist es manchmal gefährlich. Denn so haben wir die Möglichkeit, dass wir Ziele aus unserer Gesellschaft oder unserem Umfeld übernehmen. Diese sind eigentlich keine Ziele, die wir verfolgen wollen. Es werden in uns künstlich Bedürfnisse ausgelöst, zum Beispiel durch Werbung. Daraus lassen wir dann ein Ziel entstehen, dass uns aber eigentlich gar nicht zusagt.

Natürlich ist uns zu diesem Zeitpunkt nicht bewusst, dass dieses Bedürfnis und das daraus entstandene Ziel künstlich in uns ausgelöst wurde. Wir gehen davon aus, dass wir das Ziel aufgrund unserer eigenen Bedürfnisse kreiert haben.

Es ist deshalb umso wichtiger, seiner Ziele bewusst zu sein und deren Herkunft zu kennen. So ist auch die Möglichkeit kleiner, dass man sich vom Umfeld oder der Gesellschaft beeinflussen lässt. Damit möchte ich nicht sagen, dass Sie sich von der Außenwelt abgrenzen und sich nicht mehr inspirieren lassen sollen. Denn oft finden Sie auch die Inspiration für Ihre Ziele und deren Erreichung in der Außenwelt.

Seien Sie sich jedoch bewusst, dass Sie von allen Seiten beeinflusst werden. Unser Umfeld beeinflusst uns unbewusst, genauso beeinflussen auch wir unser Umfeld unbewusst. Ein Bewusstsein darüber ist deshalb von Vorteil und hilft Ihnen in der Definition Ihrer Ziele.

Gefühle

Bei den Gefühlen sprechen wir auch von Emotionen. Es gibt Definitionen, in denen werden Gefühle und Emotionen unterschieden. Es heißt, dass Gefühle angeboren sind, Emotionen hingegen auf unseren Gefühlen aufbauen. Damit hier jedoch keine Verwirrung entsteht: in meinen Texten sind Gefühle und Emotionen ein und dasselbe.

Doch was genau sind Gefühle?

Gefühle sind sehr individuell und machen uns zu Menschen. Sie helfen der Identifikation mit anderen Personen. In der Psychologie wurden die folgenden sieben Grundgefühle nachgewiesen: Freude, Überraschung, Wut, Ekel, Furcht, Verachtung und Trauer.

Diese sieben Grundgefühle kennt jeder Mensch auf der ganzen Welt. Zudem können sie von jedem Menschen nachempfunden werden. Auch wenn wir in unserem Alltag noch weitere Gefühle wahrnehmen und diese vielleicht anders beschreiben würden, fallen alle Gefühle auf diese sieben Grundgefühle zurück.

Wie Ihnen wahrscheinlich aufgefallen ist überwiegen die negativen Gefühle. Der Grund dafür geht weit zurück auf unsere Vorfahren. Die negativen Gefühle sicherten uns dazumal unser Überleben. Heute können sie uns jedoch auch schaden, ich zeige Ihnen später warum.

Die positiven Gefühle fühlen sich zwar besser an, helfen unserem Überleben aber nicht direkt. Natürlich kann man nun jedoch sagen, dass die positiven Gefühle für das seelische und psychologische Wohlergehen wichtig sind, ich gebe Ihnen sogar recht damit.

Früher war dies jedoch noch ganz anders. Der natürliche Lauf – der Stärkere frisst den Schwächeren – wurde noch viel intensiver gelebt. So wurden sie zum Beispiel durch Ihre Furcht geschützt.

Nehmen wir das Beispiel eines Stammes. Jemand aus dem Stamm wird durch ein größeres Tier verletzt, dadurch fürchtet sich nun der ganze Stamm von dem Tier. Aus dieser Furcht entsteht die Entscheidung, den Standort zu verlassen oder den Stamm aufzurüsten, um gegen das Tier anzutreten.

Heute ist das anders. Natürlich verspüren wir immer noch Furcht. Sie verspüren zum Beispiel Furcht vor der nächsten Steuerrechnung. Sie verspüren diese Furcht heute, weil Sie momentan keiner Arbeit nachgehen. Sie wissen auch, dass die Steuerrechnung in den nächsten zwei Wochen eintrifft. Dazu haben Sie noch keine Ahnung, wie Sie diese bezahlen sollen.

Im Unterschied zu früher bringt uns die Furcht heute meistens nicht gleich auch Angst um unsere Existenz. Zudem haben wir heute oft die Möglichkeit auf einen Umweg, respektive auf Hilfe. Mit diesem Umweg oder der Hilf können wir diese Furcht bekämpfen und meiden so die Angst.

Die Möglichkeiten für einen Umweg oder Hilfe sind in unserem Beispiel die Folgenden: Das Steueramt um Verzögerung anfragen, einen Job suchen, oder einen guten Bekannten oder die Bank um Hilfe bitten. Diese Möglichkeiten hatten unsere Vorfahren noch nicht.

Was uns heutzutage oft zum Verhängnis wird, aufgrund der vielen negativen Gefühle, ist die Werbung. Denn die Werbung zielt häufig darauf ab ein negatives Gefühl in uns auszulösen. Durch dieses negative Gefühl sind wir dann gewillt die optimale Lösung aus der Werbung zu kaufen. Durch unser hohes Bedürfnis an Sicherheit sind wir die perfekten Opfer. Nehmen wir das Beispiel von Versicherungen.

Versicherungen werben in der Absicht von unserer Angst zu profitieren. Sie versprechen uns, dass wir gut abgesichert sind, sollte unser Haus in Flammen stehen. Doch wie groß ist die Möglichkeit, dass unsere Häuser tatsächlich brennen? In einer Statistik von 2002 bis 2015 wurden in Deutschland durchschnittlich ca. 185.000 Hausbrände pro Jahr verzeichnet.

Dies entspricht 0.4% der gesamten 40.4 Millionen Haushalte in Deutschland. Es ist klar, dass jedes Haus zu Brande kommen kann und es auch viel damit zu tun hat, wie und wo sie leben. Ich bin nicht komplett gegen eine Versicherung. Es ist jedoch so, dass wir uns oft aufgrund unserer Angst überversichern.

Diese Angst wird künstlich durch die Werbeagenturen ausgelöst oder verstärkt. Dies ist unter anderem einer der Gründe, warum diese negativen Gefühle uns heutzutage auch schaden können. Sie dienen uns also nicht mehr nur als Schutz.

In diesem Fall lösen die Versicherungen durch die Werbung bei allen Personen dasselbe aus – Angst. Es kann jedoch auch sein, dass eine Situation bei jeder Person ein anderes Gefühl auslöst.

Erinnern Sie sich zurück an das Finale der Fußball Weltmeisterschaft 2018. Frankreich gewann gegen Kroatien. Dieses Ereignis löste bei den kroatischen Fans, trotz gleichem Ziel, verschiedene Gefühle aus. Es gab Fans, welche feierten und sich freuten, dass Kroatien bis ins Finale kam. Dann gab es aber auch die kroatischen Fans, die traurig waren, dass sie nicht Fußball Weltmeister wurden.

Gefühle sind so individuell wie wir Menschen. Wir empfinden sogar dieselben Gefühle verschieden. Das macht es uns schwer, sie jemand anderem zu erklären. Denn auch wenn das Gegenüber Angst oder Freude empfinden kann, wird es nie dieselbe Angst oder Freude empfinden wie wir. Es erschwert manchmal die Kommunikation untereinander, kann uns aber auch helfen uns besser in andere Personen hineinzuversetzen.

Was ist mit «in Personen hineinversetzen» gemeint?

Um uns auf derselben Ebene zu befinden, während wir mit jemandem kommunizieren, möchten wir uns in die Situation der anderen Person versetzen. Das heißt, wir stellen uns vor, wo und wie sich die andere Person während des Gesprächs befindet. Wir setzen uns an ihre Stelle, um uns vorstellen zu können, wie sich die andere Person fühlt. Dies wird nicht physisch ausgelebt. Es spielt sich rein in unseren Gedanken ab.

Doch durch die Gefühle können wir uns nicht nur besser mit anderen Personen verständigen. Wir können dadurch die Person und Ihre Taten und Gedanken auch besser verstehen. Es hilft uns nachzuvollziehen, warum eine Person handelt, wie sie handelt. Es bringt aber gleichzeitig auch Herausforderungen mit sich.

Wie bereits beschrieben können wir uns nie genauso fühlen, wie sich die andere Person fühlt. Wir können uns über erfreuliche Ereignisse niemals so freuen wie die Person, der dieses erfreuliche Ereignis widerfahren ist. Natürlich können Sie sich für eine andere Person freuen, es wird jedoch nie dieselbe Freude sein, wie sie die Person empfindet.

Um dies genauer zu verstehen: Versetzen Sie sich in die letzte Situation, in der Sie sich riesig über etwas gefreut haben. Es soll ein erfreuliches Ereignis sein, dass Ihnen direkt wiederfahren ist. Zum Beispiel als Sie die Zusage für Ihren Job erhalten haben, als Sie eine Prüfung bestanden haben, oder als Ihr Kind zur Welt gekommen ist. Natürlich kann es auch ein gelungenes Essen oder ein gefundener Partner sein. Suchen Sie nicht zu weit, es gibt sicher einiges.

Als Sie dieses, für Sie sehr erfreuliche Ereignis einer guten Freundin oder einem guten Freund erzählt haben, wie hat dieser Freund reagiert?

Ich bin mir sicher, dass sie oder er sich sehr für Sie gefreut hat. Sehr wahrscheinlich haben Sie jedoch mehr erwartet, denn Sie haben sich doch so sehr darüber gefreut, und genau da ist der Haken. Der Freund hat sich aus seiner Perspektive so sehr gefreut, wie er sich für jemand anderes freuen kann.

So sehr er dieses Gefühl «Freude» empfinden kann, für eine Situation die ihm nicht direkt wiederfahren ist. Er wird sich jedoch immer mehr über seine eigenen Erfolge freuen. Dasselbe gilt für Sie, auch wenn

Sie dies nicht bewusst machen. Sie denken, dass Sie sich genauso für die andere Person freuen, wie Sie sich freut, über deren Ereignisse.

Das hört sich im ersten Moment vielleicht etwas negativ an. Das ist es jedoch nicht und das möchte ich Ihnen auch auf keinen Fall vermitteln. Ich möchte Ihnen aufzeigen, woran es liegen kann. Warum wir uns nicht in gleichem Ausmaß für eine andere Person freuen können, wie für Geschehnisse aus unserem eigenen Leben.

Das Ganze hat nichts damit zu tun, dass Sie Ihren Freunden Ihre Erfolge nicht gönnen oder umgekehrt. Es hat damit zu tun, dass Sie sich tiefer in Ihren Erfolgen und der damit verbundenen Vorarbeit befinden. Sie haben viele Gefühle entwickelt für den ganzen Erfolg, auch schon während Ihrer Vorarbeit.

All diese Gefühle kann niemand in einem kurzen Moment der Erzählung nachempfinden. Das ist der Grund, warum wir uns immer mehr für uns selbst freuen als für jemand anderen. Das Schöne und Wichtigste daran ist, dass wir zumindest versuchen, uns so gut wie möglich in unsere Freunde und Ihre Erfolge hineinzuversetzen.

Wie Sie sehen haben unsere Gefühle einen großen Einfluss auf diverse Situationen unseres alltäglichen Lebens. Manche Situationen lösen tiefere Gefühle aus, andere Situationen lösen weniger tiefe Gefühle aus.

Warum sind den nun Gefühle wichtig im Gesetz der Anziehung? Die Gefühle beeinflussen unsere Gedanken und Glaubenssätze, dies werde ich jedoch später erläutern.

Umfeld I

Mit dem Umfeld sind alle Ihre äußeren Einflüsse gemeint: Familie, Freunde, Kollegen, Nachbarn, etc. Alle Personen, die Ihnen nahestehen und einen Einfluss auf Sie und somit auch Ihr Leben haben.

Ich erwähne hiermit auch gezielt die Familie. Denn so seltsam es klingt, oft ist es gerade unsere Familie oder sind es die Verwandten, die nicht ganz in unser Leben passen. Es gibt Personen, die sehen Ihre Familie aufgrund dessen nur zu Feiertagen.

Dann gibt es Personen, die sehen Ihre Familie jeden Sonntag, da es einfach zum Standard gehört, dass die Familie an diesem Wochentag zusammenfindet. Nehmen wir an, Sie gehören zu den Personen, die Ihre Familie jede Woche sieht. Entweder Sie freuen sich jede Woche darauf Ihre Familie zu sehen oder es graut Ihnen jede Woche, dass bald wieder Sonntag ist.

Wenn Sie sich freuen, dann gehört Ihre Familie zum bereichernden Umfeld. Wenn es Ihnen jedoch graut, gehört Ihre Familie zu den Zeiträubern. Vielleicht betrifft es auch nicht alle Personen aus Ihrer Familie. Haben Sie sich schonmal Gedanken gemacht, warum es Ihnen davor graut Ihre Familie jeden Sonntag zu sehen? Gibt es eine Person oder ist es das Zusammenspiel von allen, dass Sie in diesen unangenehmen Zustand versetzt?

Machen Sie sich Gedanken, damit Sie wissen, woran Sie arbeiten müssen. Klar ist, dass Sie Ihre Familie nicht ändern können. Das einzige, das Sie ändern können, ist Ihre Präsenz darin und wie wichtig Sie die einzelnen Charaktere nehmen. Unsere Familienangehörigen sind unsere Blutsverwandten. Die Verbindung wird immer eine andere sein als zu einem Freund oder einer Freundin, die wir bewusst ausgesucht haben.

Dennoch hat auch diese Verbindung grenzen. Denn genauso wenig, wie Sie Ihre Familie aussuchen können, genauso wenig müssen Sie einen tiefen Kontakt zu Ihrer Familie pflegen. Auch dies liegt in Ihren Händen. Oft entwickeln Familien Gewohnheiten, die man mag oder eben nicht mag. Vielleicht mag man die Gewohnheiten mit der Zeit, oder mit der Zeit nicht mehr.

Gewohnheiten werden oft zur Normalität, welche wir unbewusst hinnehmen, denn sie sind einfach und gemütlich. Machen Sie sich einmal Gedanken, was in Ihrer Familie für Gewohnheiten gelebt werden und ob Sie diese wirklich mögen. Überlegen Sie sich zudem, wie es um

Ihre Familienmitglieder steht. Wie fühlen Sie sich in der Gegenwart dieser Personen?

Wenn Sie sich Gedanken dazu machen, sehen Sie einmal davon ab, dass diese Personen zu Ihrer Familie gehören. Sehen Sie jede Person als einen Freund. Mit wem wären Sie auch befreundet, wenn er oder sie nicht in Ihrer Familie wäre?

Wie geschrieben haben wir eine spezielle Bindung zu unserer Familie, was es oft schwierig macht den Kontakt abzubrechen oder zu mindern. Wenn Sie sich jedoch nicht wohl fühlen in der Gegenwart Ihrer Familienmitglieder, dann wird es Zeit eine Lösung zu finden und etwas zu ändern.

Bevor ich das Umfeld «Familie» abschließe möchte ich noch ein elementares Thema aufgreifen. Ich habe viele Personen kennengelernt, die nicht sehr gut auf ihre Eltern oder einen Elternteil zu sprechen sind. Meist liegt der Grund weit in der Vergangenheit, trotzdem sind die Personen noch heute verletzt.

Vielleicht geht es Ihnen genauso. Sie haben einen Groll in sich, bei dem Sie nicht genau wissen, wie Sie diesen loswerden können. Dazu möchte ich Ihnen gerne folgende Hilfestellung leisten: Ihre Eltern sind Menschen. Sie sind geboren und geprägt, genau wie Sie. Wenn sie also in einer Situation Ihnen gegenüber verletzend reagiert haben, hat das meistens nichts mit Ihnen zu tun.

Sie haben zu diesem Zeitpunkt reagiert, wie sie es für richtig hielten. Wahrscheinlich wie sie es schon von ihren Eltern gelernt haben. Sie sind gerade daran Ihr Leben zu analysieren und Änderungen vorzunehmen. Sie können dies jedoch nicht von jeder Person, geschweige denn von Ihren Eltern, erwarten.

Diese sind in einer anderen Zeit aufgewachsen. In einer Zeit, in der sich noch niemand mit sich selbst beschäftigt hat. Denn zu dieser Zeit gab es andere Probleme und Hindernisse, die es zu bewältigen gab. Es kann daher gut sein, dass sich Ihre Eltern noch nie mit sich selbst befasst haben. Sie kennen dadurch ihre Reaktionen und die Auswirkungen daraus nicht.

Das kann der Grund sein, warum Sie durch eine bestimmte Situation von Ihren Eltern verletzt wurden. Erlauben Sie sich jedoch den Gedanken, dass Ihre Eltern Sie lieben. Sie machen alles in ihrem Wissen- und Machtstehende, um Ihnen zu helfen, auch wenn es für Sie vielleicht nicht immer so scheint.

Versuchen Sie sich in die Lage Ihrer Eltern zu versetzen. Es gibt keine bösen Menschen und vor allem nicht Ihre Eltern. Denken Sie daran: Wir sind alle Individuen, auch Ihre Eltern. Was für Ihre Eltern richtig ist, muss nicht auch für Sie richtig sein. Und was für Sie richtig ist, muss für Ihre Eltern nicht auch richtig sein.

Mit diesen Worten als Abschluss möchte ich das Umfeld «Familie» verlassen und folgende Frage beantworten: Warum das Umfeld für das Gesetz der Anziehung so wichtig ist und warum es uns auch behindern kann?

Unsere Glaubenssätze, unsere Einstellung, oder die Werte entstehen unter anderem durch unser Umfeld. Wenn also alles durch unser Umfeld beeinflusst wird, tut dies sicher auch das Gesetz der Anziehung. Wenn sich unser Umfeld ändert ist es ziemlich wahrscheinlich, dass auch wir uns ändern. Diese Veränderung passiert meistens unbewusst.

Ich habe Ihnen bereits geschildert, dass die Familie eines der «gefährlichsten» Umfelder ist, denn dieses Umfeld hinterfragen wir grundsätzlich nie. Wichtig sind jedoch genauso die anderen Umfelder. Seien Sie sich nicht nur bewusst, wie Sie leben, sondern auch mit wem Sie leben. Zur Analyse von sich selbst gehört also auch die Analyse Ihres Umfeldes. Wollen Sie die Personen, die sich bereits in Ihrem Leben befinden, auch zukünftig in Ihrem Leben haben? Inspirieren Sie die Personen in Ihrem Leben?

Analysieren Sie Ihr Umfeld gut. Manchmal gibt es Menschen, die befinden sich schon lange in unserem Freundeskreis. Diese Personen hinterfragen wir gar nicht mehr, weil wir uns schon so sehr an sie gewöhnt haben. Doch nur weil Sie an eine Person gewöhnt sind heißt das nicht, dass diese Person Ihnen auch wirklich guttut.

Gewohnheiten können die schlimmsten Feinde in unseren Leben sein, wenn wir Sie nie hinterfragen. Teilweise werden wir durch sie einfach zu gemütlich, um etwas zu ändern und daher belassen wir sie einfach wie sie sind. Das ist ganz normal und passiert uns allen immer wieder in verschiedenen Bereichen unseres Lebens.

Wichtig ist daher, dass wir ab und an unsere Gewohnheiten hinterfragen. Wenn uns dann eine Gewohnheit auffällt, die uns nicht mehr zusagt, ist es an der Zeit etwas zu ändern. Klar ist es oft einfacher und schneller, einfach darüber hinwegzusehen, dies wird Sie aber nicht langfristig glücklich stimmen.

Sie haben einen «Freund», der Sie jedes Mal nervt, wenn Sie ihn treffen? Warum verbringen Sie dann Zeit mit der Person, wenn sie in Ihnen nur negative Gefühle auslöst?

Wir haben das Glück, dass wir über alles was wir tun selbst bestimmen können. Wir können unsere Zeit selbst einteilen und entscheiden, wen wir treffen möchten und wen nicht. Nun, wenn Sie dieses Recht schon haben, nützen Sie es auch aus.

Es ist falsch zu denken, dass Sie mit einer Person in Kontakt sein MÜSSEN. Sie entscheiden mit wem Sie in Kontakt sein WOLLEN. Wenn Sie mit jemandem in Kontakt sind, den Sie eigentlich gar nicht mögen, was ist der Sinn dahinter? Auf eine Weise lügen Sie sich selbst an und auch Ihr Gegenüber.

Es gibt durchaus Menschen, die es in unser Leben schneit, die aber nicht reinpassen. Es liegt in unserer Natur, dass wir nicht mit jedem befreundet sein können und uns nicht mit jeder Person gut verstehen. Es kann sogar sein, dass wir uns plötzlich nicht mehr auf gleicher Wellenlänge befinden mit einem langjährigen Freund.

Das kann passieren, weil Sie und Ihr langjähriger Freund andere Lebenswege einschlagen. Sie begeben sich in neue Umfelder und entwickeln neue Interessen. Es kann also sehr gut sein, dass es Themen gibt, die Sie nicht mehr interessieren oder Bereiche, in denen sie nun andere Meinungen haben.

Nehmen Sie sich also auch Zeit, um Langzeitfreunde zu analysieren. Passen Sie immer noch in Ihr Leben? Bringt Ihnen die gemeinsame Zeit einen Mehrwert?

Vergessen wir nicht die Mitleidspersonen. Diese Personen setzen Sie auf Ihre Freundesliste, weil Sie sich verpflichtet fühlen. Warum könnten Sie sich verpflichtet fühlen mit einer Person befreundet zu sein? Ich möchte Ihnen dies durch ein Beispiel erklären.

Sie haben einen Arbeitskollegen, mit dem Sie jeweils die Kaffeepausen teilen. Sie führen jeweils witzige Gespräche, die aber nicht weiter prägend oder tiefgründig sind. In der Freizeit haben sie noch nie gemeinsam etwas unternommen. Eines Tages erzählt Ihnen dieser Arbeitskollege unter Tränen, dass gerade jemand aus seinem bekannten Kreis unvorhersehbar gestorben ist.

Sie fühlen sich sofort betroffen und schlagen diesem Kollegen vor, dass sie doch einmal auf ein Feierabendbier gehen können. So können sie sich mehr darüber unterhalten. Sie machen diesen Vorschlag, damit er sich besser fühlt und Sie ihn unterstützen können in seiner Trauer.

Sie treffen sich nun also eines Abends und er erzählt Ihnen alles über seinen näheren Bekannten. Es tut ihm gut, sein Herz bei Ihnen auszuschütten. Es tut ihm gut, mit einer Person zu sprechen, die nicht aus dem näheren Umfeld kommt. Bei der Verabschiedung entscheiden sie sich, sich zukünftig vermehrt auf ein Feierabendbier zu treffen um zu reden.

Sobald es Ihrem Arbeitskollegen wieder besser geht, bemerken Sie, dass Sie gar keine anderen Gesprächsthemen mehr haben. Sie haben keine gemeinsamen Interessen, auch wenn Sie sich eigentlich gut verstehen, bleiben die Themen oberflächlich und gehen mit der Zeit aus.

Sie bemerken, dass Sie durch die abendlichen Treffen keine Emotionen verspüren. Es verschafft Ihnen kein bereicherndes oder glückliches Gefühl. Das einzige, was Sie fühlen, ist innerer Druck vor dem Treffen.

Wie würde sich Ihr Arbeitskollege fühlen, wenn Sie ihm auf einmal den Laufpass geben würden. Zudem fühlen Sie immer noch Mitleid für seinen Verlust. Sie führen nun eine typische Mitleidsfreundschaft, Sie können die Freundschaft schlecht beenden. Wenn Sie ihm nicht mehr zuhören, wer tut es dann?

Sie entscheiden für sich, dass Sie wöchentlich diesen einen Abend über sich ergehen lassen und ihm dafür ein positives Gefühl vermitteln. Sie stecken Ihre Gefühle zurück. Sie bemerken, dass Sie mittlerweile zur Abladestelle Ihres Kollegen geworden sind. All sein Kummer landet bei Ihnen, währendem Sie ihm zuhören.

Sie nehmen seinen Kummer an, lassen ihn aber nicht mehr an sich heran. Denn für Sie handelt es sich bloß noch um ein Zwecks-Treffen. Ihr einziges Ziel daraus ist: das Wohlergehen Ihres Kollegen.

Ich gebe Ihnen auf jeden Fall recht, dass es hart ist eine «Freundschaft» wie diese zu beenden. Denn für Ihren Kollegen hat sich mittlerweile tatsächlich eine Freundschaft entwickelt. Er ist sich ziemlich sicher nicht bewusst, dass er Sie als Abladestelle für seinen Kummer benutzt, denn für ihn gibt es immer wieder ein Thema, dass er mit Ihnen besprechen kann. Er hat in Ihnen einen wunderbaren Zuhörer gefunden und ahnt nicht, dass Sie sich dabei eigentlich unwohl fühlen.

Aufgrund dessen ist es wichtig, dass Sie Ihren Kollegen nicht direkt mit einem Freundschaftsabbruch konfrontieren. Das würde für ihn einen Schlag ins Gesicht bedeuten. Ich rate Ihnen an, dass Sie den Kontakt mindern und immer weniger mit Ihrem Arbeitskollegen unternehmen. So kann sich die Person von Ihnen distanzieren. Für Sie wird es zudem einfacher sein, nach einer Zeit das Gespräch mit Ihrem Kollegen zu suchen.

Seien Sie sich bewusst, dass Sie zuständig sind für Ihr eigenes Leben. Es liegt nicht in Ihrer Verantwortung, andere Personen glücklich zu machen. Genauso wie es nicht in der Verantwortung einer anderen Person liegt, Sie glücklich zu machen.

Es geht dabei nicht um finanzielle oder materielle Mehrwerte. Es geht darum, dass jede Person Ihres Umfeldes eine Bereicherung für Ihr Leben ist. Dass Sie von jeder einzelnen Person sagen können, warum Sie diese in Ihrem Leben schätzen. Ich meine damit nicht unbedingt «sagen», denn manchmal ist es einfach ein positives Gefühl, dass uns eine andere Person durch Ihre Anwesenheit vermittelt.

Damit möchte ich nicht sagen, dass Sie den Kontakt mit Personen abbrechen sollen, mit denen Sie einen Streit oder eine Uneinigkeit haben, denn das gibt es mit Sicherheit in jeder Art von Beziehung, es stärkt sie sogar. Ich möchte Sie mit diesen Zeilen jedoch ermutigen, Ihr Umfeld zu hinterfragen. Denn vielleicht gibt es auch in Ihrem Umfeld Personen, die in Ihnen mehr negative als positive Gefühle auslösen.

Hören Sie dazu auch auf Ihr Bauchgefühl. Dieses weiß meistens ganz genau, wer in Ihr Leben passt und wer nicht. Lassen Sie sich mehr darauf ein und seien Sie selbstkritisch.

Oft steht die Frage im Raum, wie man den Kontakt zu einer Person abbrechen kann. Ich verstehe, dass dies ein schwieriges Thema ist. Sie möchten die andere Person nicht verletzen und vor allem möchten Sie durch die andere Person nicht verletzt werden.

Oft ist es jedoch so, dass wenn Sie sich in einer Freundschaft nicht mehr wohlfühlen sich auch die andere Person nicht mehr wohlfühlt. Manchmal ist es so, dass sich die andere Person dessen noch nicht bewusst ist. Vielleicht befindet sie sich jedoch auch in derselben Situation wie Sie und weiß einfach nicht genau wie.

Bevor Sie den Kontakt zu einer Person abbrechen, seien Sie sich wirklich sicher. Hinterfragen Sie die Gefühle zu dieser Person. Warum wollen Sie den Kontakt abbrechen? Was passiert mit Ihrem Leben, wenn diese Person nicht mehr Teil davon ist? Wie sind Ihre Gefühle im Bezug zu dieser Person?

Sie haben die Freundschaft genau durchdacht und sind sich sicher, dass Sie die Freundschaft auflösen möchten. Der fairste und schnellste Weg dazu ist die direkte Konfrontation mit der Person. Dadurch werden Sie sich auch nach der Auflösung «im Reinen mit sich selbst» befinden. Zudem werden Sie so keine Schuldgefühle entwickeln.

Bevor Sie die Person direkt konfrontieren, suchen Sie die richtigen Worte dafür. Bereiten Sie sich zudem auf alle möglichen Fragen des Gegenübers vor. Erklären Sie ihm, warum Sie sich in der Freundschaft nicht mehr wohlfühlen und geben Sie der Person Zeit das Ganze aufzunehmen.

Seien Sie vorbereitet auf alle möglichen Reaktionen der anderen Person und werden Sie nicht wütend deswegen. Vielleicht werden einige Reaktionen Sie verletzen oder überraschen. Egal wie die Person reagieren wird, denken Sie daran, dass die Person eigentlich gar nicht Sie angreifen möchte. Sie ist in diesem Moment wütend und enttäuscht und lässt dies an Ihnen aus.

Es braucht Mut eine Freundschaft aufzulösen und dafür eine Person direkt zu konfrontieren. Wichtig ist trotzdem, dass Sie den Kontakt nie über WhatsApp oder per Telefon abbrechen. Es scheint zwar der direkteste und einfachste Weg, ist jedoch nicht fair der anderen Person gegenüber. Stellen Sie sich vor, Sie sehen die Person im Supermarkt wieder.

Versetzen Sie sich immer selbst in die andere Person. Wie würden sie reagieren und sich fühlen, wenn Sie auf Ihre Weise konfrontiert werden würden? Die andere Person würde sich ziemlich sicher genauso fühlen. Es kann jedoch sein, dass Ihre Konfrontationspartie ganz anders reagiert als Sie erwarten. Achten Sie darauf, dass Sie ruhig bleiben und hinterher keine Ihrer Aussagen bereuen.

Nun werden Sie an die Personen denken, bei denen es eben vielleicht nicht so einfach ist, den Kontakt abzubrechen. Wie zum Beispiel einem Nachbarn oder einem Arbeitskollegen. Diese sind da, ob Sie wollen oder nicht.

Anstatt diese Personen zu meiden rate ich Ihnen eine andere Lösung an: Sehen Sie die Person aus einer anderen Perspektive, so können Sie Ihre negative in positive Gefühle umwandeln. Wie geht das?

Die Person stört Sie aus einem bestimmten Grund. Finden Sie heraus, was dieser Grund ist und warum er Sie stört. Klären Sie alle damit verbundenen Fragen, damit Sie wissen was Sie dagegen tun können, respektive ob der Grund auch einen positiven Aspekt hat.

Nehmen wir an der Arbeitskollege stört Sie, weil er jedes Mal einen unangebrachten Witz über Ihre Kleidung macht. Diese Witze macht er nicht nur vor Ihnen, sondern vor dem ganzen Team. Sie kleiden sich individuell, Ihnen gefällt jedoch Ihr Kleidungsstil. Wie könnten Sie diese störenden Witze nun aus einem positiven Aspekt sehen?

Versetzen Sie sich dazu in Ihren Arbeitskollegen. Warum macht dieser Witze über Ihre Kleidung?

1. Er mag Ihre Kleidung nicht.
2. Er ist neidisch auf Sie und Ihre Kleidung.
3. Er will sich beweisen vor den Arbeitskollegen und macht Sie zum Opfer.

Diese Feststellungen klingen alle etwas harsch. Das hat damit zu tun, dass wir Aussagen anderer Personen oft negativer werten als positiv. Versuchen Sie also die oberen Feststellungen einmal in einem positiveren Aspekt zu sehen:

1. Ihre Kleidung ist ihm grundsätzlich egal. Was ihn eigentlich stört, ist dass Sie ihm keine Aufmerksamkeit schenken, denn er mag Sie.
2. Er ist neidisch auf Sie und Ihre Kleidung, weil er die Kleidung und Sie eigentlich super findet.
3. Er will sich vor den Arbeitskollegen beweisen und sucht deren Bestätigung, weil es ihm an Selbstliebe fehlt.

Das klingt doch schon ganz anders und löst gleich andere Gefühle in Ihnen aus. Freunden Sie sich mit diesen positiven Feststellungen an. Ihre Einstellung gegenüber Ihrem Arbeitskollegen wird plötzlich positiver sein, Sie werden sich besser fühlen. Auch hier wieder: alles hat den Wert, den Sie vergeben.

Wenn es sich nicht um einen Freund oder Sie selbst handelt, warum gewichten Sie seine Aussagen so sehr?

Oft wenn wir etwas so sehr gewichten hat es damit zu tun, dass wir die Person irgendwie doch mögen. Oder die Person hat einen unserer wunden Punkte getroffen. Könnte eines von beiden bei Ihnen zutreffen? Sind Sie ehrlich zu sich selbst, auch wenn keiner der beiden Gründe auf Sie zutrifft. Das Wichtigste ist, dass Sie wissen, warum die Person in Ihnen ein störendes Gefühl auslöst.

Zum Abschluss möchte ich Ihnen noch einen Tipp geben, wenn eine Person in Ihnen ein störendes Gefühl auslöst, versuchen Sie sich immer in die andere Person zu versetzen. Dies gibt Ihnen die beste Möglichkeit die Motive der anderen Person zu ergründen. Personen sind nicht grundsätzlich böse, oft sind Sie einfach unsicher.

Gedanken und Glaubenssätze

Das Gesetz der Anziehung basiert auf unseren Gedanken und Glaubenssätzen. Denn egal ob aus spiritueller oder psychologischer Sicht, was wir denken, das ziehen wir an. Doch woraus formen sich unsere Gedanken und Glaubenssätze?

Gedanken

Das Wort „Gedanke" leitet sich von „Denken" ab. All unsere Gedanken spielen sich in unserem Hirn ab, wo sie täglich neu inspiriert und geformt werden. Alles was in unserem Leben passiert, alles was uns beschäftigt, und überall wo wir hingehen hat einen Einfluss auf unsere Gedanken. Es gibt Begebenheiten oder Geschehnisse, die uns mehr zu denken veranlassen und andere, die uns weniger zu denken veranlassen.

Unsere Gedanken werden dem Bewusstsein eingeordnet. Wir machen uns tagtäglich Gedanken und sind uns dieser bewusst.

Glaubenssätze

Im Gegensatz zu Gedanken werden Glaubenssätze nicht jeden Tag neu geformt. Sie werden zwar jeden Tag neu inspiriert, jedoch sind diese tiefer verankert und vor allem sind sie bestätigt über Jahre. Sie basieren auf Erfahrungen, die für uns mit der Zeit zu Tatsachen werden und die wir beginnen zu glauben. Unsere Glaubenssätze beeinflussen unser tägliches Tun. Um einen Glaubenssatz zu ändern braucht es also mehr Zeit als nur einen neuen Tag.

Unsere Glaubenssätze werden dem Unterbewusstsein zugeordnet. Das heißt, sie sind uns nicht zu jedem Zeitpunkt bewusst. Aufgrund dessen können wir nicht immer genau sagen, wann eine Reaktion durch einen unserer Glaubenssätze beeinflusst wurde.

Unsere Gedanken und Glaubenssätze stehen in Relation zueinander. Wenn Sie einen neuen Gedanken fassen wird dieser sofort durch Ihre Glaubenssätze „manipuliert". Damit möchte ich sagen, dass wir nie mals neutral denken können. Wir sind stets beeinflusst von unseren Glaubenssätzen, die sich über Jahre bestätigt haben.

Ich möchte diese Aussage mit einem Beispiel visualisieren: Sie sind gerade frisch verliebt. Als Sie auf Instagram scrollen startet plötzlich ein Kurzvideo über Untreue. Sie schauen das Video und denken darüber nach. Ihre Gedanken drehen sich jedoch nicht nur um das Video, vielmehr denken Sie daran, wie Ihre neue Liebe Ihnen untreu sein könnte.

Bisher sind Sie noch nie mit Untreue konfrontiert worden. Ihr Glaubenssatz ist dementsprechend durch die Treue geformt. Nun manipuliert dieser Glaubenssatz an die Treue Ihren Gedanken der Untreue, der sich durch dieses Video geformt hat. Die Gedanken an die Untreue Ihrer neuen Liebe verwehen.

Wie genau stehen Gedanken und Glaubenssätze in Verbindung zum Gesetz der Anziehung?

Wie ich bereits zu Beginn dieses Kapitels geschrieben habe ziehen wir an, was wir denken. Das beantwortet, warum unsere Gedanken mit dem Gesetz der Anziehung in Verbindung stehen. Die Glaubenssätze sind wichtig, weil sie die Gedanken beeinflussen. Dies ist der Grund ihrer Verbindung mit dem Gesetz der Anziehung.

Ein Beispiel dazu: Sie haben einen kleinen Sohn. Der Junge turnt überall herum. Sie mögen das nicht, weil Sie überall die Gefahr sehen, dass er sich verletzen könnte. Eines Tages stößt sich Ihr Sohn tatsächlich den Kopf, als er vom Baum fällt.

Daraufhin wird Ihr Glaubenssatz auf Gefahren natürlich bestätigt. Er wird so automatisch mehr verankert und lässt Sie zukünftig extremer auf Ihren Sohn aufpassen. Zudem steigert sich auch Ihre Angst, dass Ihrem Sohn etwas passieren könnte.

Das genannte Beispiel klingt nach dem Beispiel natürlicher Fürsorge einer Mutter. Ich möchte Ihnen jedoch aufzeigen, warum solche Fürsorge für Sie einen bitteren Nachgeschmack haben kann:

1. Aus Ihrem Gefühl für Gefahren und der Angst über Ihren Sohn entstehen Sorgen. Durch die Sorgen fühlen Sie sich nicht wohl, dieses Unwohlsein verschafft Ihnen ein negatives Gefühl.

2. Wenn Sie sich sorgen fühlt Ihr Sohn dies unbewusst. Er trägt dieses negative Gefühl somit auch in sich.

3. Wenn sich ihr negatives Gefühl bestätigt wird es Sie noch präsenter begleiten und somit auch Ihren Sohn.

4. Ihren Sohn wird dieses negative Gefühl sein Leben lang plagen und er wird es an seine Kinder weitergeben. Auch wenn unbewusst haben Sie dieses Sorgegefühl wahrscheinlich auch schon von Ihren Eltern übernommen.

5. Zudem ziehen wir an, was wir denken. Wenn wir also negativ fühlen hegen wir automatisch auch negative Gedanken. Ihr Sohn nimmt zwar alles nur unbewusst wahr, er ist jedoch automatisch unsicherer beim Klettern und die Möglichkeit, dass er fällt ist größer.

Sie sehen, was alles durch Ihre Angst für Ihren Sohn unbewusst ausgelöst wird. Es entsteht sozusagen ein Dominospiel der negativen Gefühle. Stellen Sie sich die ganze Situation nun mit positiven Gefühlen und Gedanken vor. Keine Angst und keine entstehenden negativen Folgen für Ihren Sohn.

Merken Sie, dass Sie in jeder Situation zwei Möglichkeiten haben? Die grundlegende Frage ist daher: Wie sehen Ihre Glaubenssätze aus? Wenn Ihre Glaubenssätze negativ eingestellt sind denken Sie negativ. Wenn Ihre Glaubenssätze positiv eingestellt sind denken Sie positiv. So können sich, rein durch die Änderung von Glaubenssätzen, ganze Situationen ändern.

Sie sehen wie wichtig unsere Gedanken und Glaubenssätze für das Gesetz der Anziehung sind. Ich möchte mich in dieses Thema noch vertiefen, in den nachfolgenden beiden Kapiteln zum Bewusst- und Unterbewusstsein.

Bewusstsein

Was Bewusstsein genau ist, habe ich Ihnen am Anfang dieses Buches bereits erklärt. Ich möchte jedoch in den folgenden Absätzen noch etwas vertiefter darauf eingehen.

Schon seit geraumer Zeit machen sich Philosophen und Wissenschaftler Gedanken über das Bewusstsein der Menschheit. Für unseren Alltag scheint es selbstverständlich zu sein. Wir sind jedoch bisher die einzige erforschte Spezies auf der Erde, die über ein Bewusstsein verfügt.

Wenn wir uns im Spiegel sehen ist es für uns ganz klar, dass es sich um unser Spiegelbild handelt. Wenn sich eine Katze im Spiegel sieht erschreckt sie. Diesen Zustand nennen wir und die Wissenschaft «Bewusstsein». Oder im Fall der Katze, dass sie über kein Bewusstsein verfügt. Dies gilt nicht nur für Katzen, auch alle anderen Tiere verfügen über kein Bewusstsein.

Das macht uns Menschen anders - wir verfügen alle über ein subjektives Bewusstsein. Das ist auch der Grund, warum wir uns unser ganzes Leben lang als Individuen sehen und wodurch wir uns teilweise von niemandem verstanden fühlen. Wir sehen die Welt mit anderen Augen als unsere Mitmenschen.

Das Bewusstsein wird vom Hirn kontrolliert. Um Informationen aus unserem Bewusstsein zu verarbeiten sind verschiedene Hirnareale beschäftigt und miteinander verknüpft. Wenn einer dieser Verknüpfungen ausfällt sprechen wir davon «das Bewusstsein zu verlieren», also in Ohnmacht zu fallen.

Was jedoch hat das Bewusstsein mit dem Gesetz der Anziehung zu tun?

Das Bewusstsein ist oft der Grund, warum viele Menschen bei Diäten scheitern, beim Versuch glücklich zu sein, oder eben bei der Anwendung des Gesetzes der Anziehung.

Nehmen wir an Sie möchten noch vor Beginn des Sommers einige Kilos loswerden. Sie sehen auf Instagram all die Models mit ihren perfekten Bikini Figuren. Sie entscheiden sich, dass Sie ebenfalls so aussehen möchten. Mit diesem Entscheid lösen Sie sich ein Jahresabo im Fitnessstudio. Sie erstellen einen Wochenplan mit Ihren neuen Essensvorsätzen. Zudem reservieren Sie sich Abende, an denen Sie zukünftig ins Fitnessstudio gehen wollen.

Nachdem Sie zwei Wochen tatsächlich ins Fitnessstudio gegangen sind und Ihren Wochenplan eingehalten haben, werden Sie aufgrund der kalten Temperaturen krank. Sie bleiben zwei Tage im Bett und können dadurch Ihren Vorsätzen an diesen beiden Tagen nicht nachgehen. Am dritten Tag entscheiden Sie sich noch einen weiteren Tag zu warten.

Am vierten Tag sind Sie noch zu erschöpft, um dem Fitnessstudio einen Besuch abzustatten. Am fünften Tag denken Sie sich, dass der Montag der perfekte Tag für einen Neustart Ihres Programmes ist. Am kommenden Montag haben Sie Ihre Vorsätze schon wieder vergessen.

Nach einiger Zeit wird Ihnen bewusst, dass Sie Ihrem Vorsatz nicht nachgekommen sind. Dies stimmt Sie betrübt, denn somit summiert sich bei Ihnen ein weiteres Ziel, das Sie nicht erreicht haben. Zudem haben Sie noch Geld für das Fitness Abonnement in den Sand gesetzt. Na großartig!

Warum passiert Ihnen das immer wieder? Keine Angst, Sie sind nicht die einzige Person, der das ständig passiert. Gehen wir zurück an den Punkt, an dem Sie die Models auf Instagram gesehen haben. Sie nahmen die Models bewusst war. Alle darauffolgenden Entscheidungen haben Sie ebenfalls bewusst getroffen. Sie machten sich keine weiteren Gedanken dazu, weil Sie fest davon überzeugt waren, und sie lösten sich ein Fitness Abonnement.

Anstatt sich vorab Zeit zu nehmen und sich tiefgründig mit einem neuen Ziel auseinanderzusetzen fällen Sie all Ihre Entscheidungen oberflächlich und rein bewusst. Sie haben sich zu keinem Zeitpunkt mit dem Unterbewusstsein auseinandergesetzt, denn das Unterbewusstsein ist sozusagen unsere Kontrollzentrale für das Bewusstsein. Wenn also ein Reiz nicht bis ins Unterbewusstsein gelangt wird er auch nicht nachhaltig umgesetzt und erreicht. Mehr dazu im nächsten Paragraphen.

Unterbewusstsein

Wir nehmen jeden Tag 100% an Informationen auf. Von diesen 100% sind nur 10% bewusst und die anderen 90% unbewusst. Glücklicherweise nehmen wir nicht alles bewusst wahr und können uns nicht zu jeder Zeit an alles bewusst erinnern.

Stellen Sie sich vor, was das bedeuten würde?! Sie sind auf dem Weg ins Büro und fahren wie jeden Morgen mit dem Zug zur Arbeit. Sie nehmen jeden einzelnen Passagier mit allen Ihren Sinnen wahr. Zudem erinnern Sie sich an die Zugfahrt von gestern und an die der Tage zuvor. Sie erinnern sich zum selben Zeitpunkt an alle Mahlzeiten Ihres Lebens. Sie denken an die Ferien, die Sie in den letzten Jahren genießen durfte, und so weiter und so fort.

Sie sehen, ich würde die Aufzählung nie beenden können. Jede Sekunde passiert etwas, dass Sie bewusst wahrnehmen. Nach dem Auftreten jedes Geschehnisses denken Sie bewusst darüber nach, Ihre Gedanken würden nie zur Ruhe kommen. Dies würde zur Totalüberforderung Ihres Hirns führen. Sie könnten niemals alles verarbeiten, was in ihrem Umfeld geschieht.

Das macht unser Unterbewusstsein enorm wichtig. In einem der vorherigen Paragraphen habe ich geschrieben, dass sich unsere Glaubenssätze ins Unterbewusstsein eingliedern lassen. Wir können also sagen, dass wir mit unserem Bewusstsein ausleben, was sich in unserem Unterbewusstsein befindet. Oder wie bereits gesagt ist das Unterbewusstsein das Kontrollzentrum für unser Bewusstsein.

Das heißt jedoch auch, dass die Änderungen nur einen bleibenden Erfolg erzielen, wenn wir auch unser Unterbewusstsein mit unseren Zielen ansprechen.

Wie können Sie Ihr Unterbewusstsein ansprechen?

1. Schritt: Zur Ruhe kommen

Begeben Sie sich an einen Ort, an dem Sie zur Ruhe kommen. Dies kann ein beliebiger Ort sein. Denn mit «zur Ruhe kommen» ist nicht zwangsweise ein Ort gemeint, an dem Sie allein sind und an dem es ruhig ist. Es ist ein Ort gemeint, an dem Sie Ruhe finden und Zeit für sich haben.

2. Schritt: Dankbarkeit praktizieren

Bevor Sie an Ihr Ziel denken ist es ein elementarer Schritt Dankbarkeit zu praktizieren. Der Grund dafür ist einfach: Sie sind vielleicht noch gestresst vom Alltag, oder momentan genervt von Ihrem Nachbarn. Alle diese negativen Gedanken Ihres Alltags affektieren schlussendlich auch Ihre Ziele.

Wenn Sie nun daran denken worüber Sie in Ihrem Leben eigentlich dankbar sind, werden automatisch positive Gefühle entstehen. Vielleicht wissen Sie nicht auf Anhieb wofür Sie dankbar sein können.

Gerne gebe ich Ihnen hierzu einige Anstöße: Ihre Gesundheit, Ihr Partner, Ihre Familie, Ihr Job, Ihre Freunde, Ihr Wissen, Ihre Ausbildung, Ihre Reisen, Ihr Verdienst, Ihr Können, Ihre Wohnlage, die nette Dame aus Ihrem Lieblingskaffee, das leckere Mittagessen, die Blumen in Ihrem Garten, Ihre Erfahrungen, etc.

Sie können für praktisch jedes Detail in Ihrem Leben dankbar sein. Es gibt sogar negative Begebenheiten, die in Ihrem Leben passiert sein können, für die Sie nun aber dankbar sind.

Ich kann Ihnen dazu ein Beispiel aus meinem eigenen Leben nennen. Als ich 20 Jahre alt war wurde ich ins Spital eingeliefert. Grund dafür waren ein blauer Arm und Rückenschmerzen. Die Diagnose: eine Thrombose im rechten Arm. Eine Thrombose ist einfach gesagt eine Verstopfung einer Arterie oder Vene, weshalb das Blut dann nicht mehr durchfließen kann.

Aufgrund dieses Ereignisses musste ich die Babypille stoppen. Dies hat mein ganzes Leben verändert, die Babypille hatte meine Hormone so stark unter Kontrolle, dass ich die 7 Jahre als ich sie nahm nicht mehr ich selbst war. Das wusste ich natürlich erst, als ich sie absetzte.

Nun, auch wenn diese Thrombose und das Absetzen meiner Babypille einige negative Aspekte mit sich brachten, bin ich seit diesem Tag glücklicher als jemals zuvor. Vor allem mache ich mir seither mehr Gedanken um meine Gesundheit und was ich zu mir nehme.

Manchmal muss also etwas Negatives passieren, damit etwas Positives daraus resultiert. Ich bin dankbar darüber, dass es mir passiert ist, denn wenn es nicht passiert wäre, wäre ich heute nicht da wo ich bin.

Machen Sie sich nun selbst Gedanken über die Begebenheiten, die Menschen in Ihrem Leben, und Ihre eigene Person. Sie werden eine Menge finden, für das Sie dankbar sind und das Sie in positive Stimmung versetzt.

3. Schritt: Realisieren und Notieren

Sie befinden sich an einem Ort, an dem Sie sich wohlfühlen. Zudem sind Sie durch Dankbarkeit voller guter Gefühle. Sie sind nun bereit Ihr Ziel zu erreichen. Denken Sie an sich und Ihr Ziel, stellen Sie sich jedes Detail Ihres Ziels vor. Wie sieht es aus? Wie riecht es? Wie heißt es? Etc. Ich rate Ihnen an, dass Sie sich alle Details notieren. Denn durch die Ansprache eines weiteren Sinnes wird das Ziel schneller verinnerlicht.

4. Schritt: Visualisieren

Lesen Sie für diesen Schritt alle Ihre angefertigten Notizen zu Ihrem Ziel genau durch. Fühlen Sie sich in das Ziel ein und fühlen Sie alles so, als hätten Sie das Ziel bereits erreicht. Wenn es sich gut anfühlt, ist es ein Ziel, dass Ihrem Unterbewusstsein, Ihren Glaubenssätzen, und Ihren Werten zusagt. Es ist ein Ziel, das von IHNEN auskommt und nicht künstlich erzeugt wurde.

Es ist wichtig, dass Sie sich ein Ziel nach dem anderen in Ihr Unterbewusstsein setzen. Überladen Sie Ihr Unterbewusstsein nicht. Geben

Sie ihm Zeit, jedes Ihrer Ziele detailliert zu verarbeiten und aufzunehmen.

5. Schritt: Wiederholen

Sie haben sich in Ihr Ziel eingefühlt und es fühlt sich gut an. Nun ist es wichtig, dass Sie diesen 4. Schritt einige Male wiederholen. Grund dafür ist, dass unser Hirn mindestens drei Wiederholungen braucht, um sich etwas einzuprägen. Manchmal sind auch mehr Wiederholungen von Nöten. Wiederholen Sie die Visualisierung also so lange, bis es sich auch in Ihrem Alltag anfühlt, als hätten Sie es bereits erreicht.

Geben Sie sich Zeit, um Ihr Ziel zu verinnerlichen. Es ist wie eine neue Fähigkeit, die Sie sich aneignen wollen. Stellen Sie sich vor, Sie möchten lernen mit dem Fußball auf Zehen zu jonglieren. Der Fußball wird Ihnen 100 Mal entgleiten bis Sie auf Zehen jonglieren können. Doch wenn Sie es einmal geschafft haben, werden Sie immer besser und plötzlich gelingt Ihnen ihr Vorhaben

6. Schritt: Ziel erreichen

Wenn Sie bei diesem Schritt angelangt sind haben Sic Ihr Ziel verinnerlicht. Sie sind nun da angelangt, wo es tatsächlich möglich ist, Ihr Ziel nachhaltig zu erreichen. Ihr Unterbewusstsein wird Ihr Bewusstsein zukünftig automatisch so lenken, dass Sie Ihr Ziel erreichen.

Ihr Ziel ist es zum Beispiel einen Glaubenssatz zu ändern. Bisher waren schreiende Kinder im Zug für Sie verzogene Kinder. Nun sind Sie aber der Meinung, dass die schreienden Kinder einfach voller Lebensfreude sind und nicht etwa verzogen.

Sie haben Ihr Unterbewusstsein entsprechend auf dieses Ziel «programmiert». Nun heißt es geduldig sein, denn Sie sind gerade daran, einen Glaubenssatz zu ändern. Diesen Glaubenssatz haben Sie lange als richtig erachtet, nach ihm gelebt, und ihn so auch einige Male bestätigt.

Wie Sie zudem wissen werden unsere Glaubenssätze durch unsere äußeren Einflüsse gebildet. Es kann also sehr gut sein, dass unsere äußeren Einflussquellen immer noch dieselbe Ansicht pflegen -

schreiende Kinder im Zug sind verzogen. Ihr Umfeld wird Sie dadurch ziemlich sicher, früher oder später, mit Fragen konfrontieren. Vielleicht haben Sie es sich sogar schon zum Ziel genommen, auch Ihr Umfeld von Ihrem neuen Glaubenssatz zu überzeugen, Sie fühlen sich durch die Änderung dieses Glaubenssatzes nämlich besser. Daher sind Sie der festen Überzeugung, dass sich auch Ihr Umfeld durch die Änderung dieses Glaubenssatzes besser fühlen wird.

Wenn Sie keine andere Person im Umfeld haben, die Ihren neuen Glaubenssatz teilt, sind Sie auf sich selbst gestellt. Sie werden wahrscheinlich einige Male anecken und sich Ihrem Umfeld gegenüber erklären müssen. Da Sie sich jedoch vor der Änderung, genauestens damit auseinandergesetzt haben, stellt dies kein Problem dar. Sie sind für Diskussionen mit Ihrem Umfeld bestens vorbereitet.

Bewusstes und unbewusstes Anwenden des Gesetzes der Anziehung

Sie sind sich darüber im Klaren, was Bewusstsein und Unterbewusstsein in Ihrem Leben für eine Rolle spielen. Dazu wissen Sie, warum die beiden Komponenten in Bezug zum Gesetz der Anziehung wichtig sind.

Sie nehmen nun also nicht mehr nur das Bewusstsein „bewusst“ wahr. Auch das Unterbewusstsein ist nun ein bewusster Part Ihres täglichen Lebens. Dasselbe passiert mit dem Gesetz der Anziehung. Bisher haben Sie es unbewusst angewandt, ab sofort werden sie es bewusst „anwenden“.

Wieso Sie das Gesetz der Anziehung bereits unbewusst ausgelebt haben? Ihr Hirn hat sich bereits jetzt auf Ihre Ziele eingestellt, auch wenn Sie sich bisher vielleicht noch keine tiefgründigen Gedanken über Ihre Ziele gemacht haben, waren diese schon immer existent.

Als Sie zum Beispiel das letzte Mal einen Job finden wollten hat sich Ihr Hirn darauf eingestellt. Plötzlich nahmen Sie überall offene Stellen wahr. Sie haben also schon immer vom Gesetz der Anziehung profitiert. Wenn es bisher schon funktioniert hat, ohne sich weitere Gedanken darüber zu machen, wie wird sich Ihr Leben also verändern, wenn Sie sich dem Gesetz der Anziehung bewusst sind?

Respektive werden Sie sich nun wahrscheinlich fragen, wie das Gesetz der Anziehung bisher funktioniert hat. Denn bisher haben Sie Ihre Ziele noch nicht vor dem Unterbewusstsein visualisiert.

Das hat damit zu tun, dass Sie Ihre Ziele auch bisher unbewusst vor Ihrem Unterbewusstsein visualisiert haben. Unsere wahren Ziele verinnerlichen wir oft automatisch, nur sind uns diese Ziele in diesem Moment nicht wirklich bekannt. Was macht es in diesem Fall besser, wenn wir unsere Ziele zukünftig bewusst vor dem Unterbewusstsein visualisieren?

Wenn uns die Ziele bewusst sind und wir diese visualisieren, fallen uns automatisch alle Aspekte zur Zielerreichung auf. Zudem sind wir automatisch aufmerksamer und erkennen Störfaktoren. Diese können wir so hinterfragen und je nachdem eliminieren. Es ist wichtig, die Störfaktoren zu kennen, die uns von der Zielerreichung abhalten. Ansonsten kann es sein, dass wir das ganze Ziel anzweifeln, anstatt nur den störenden Aspekt.

Wenn wir uns dessen nicht bewusst sind, kann es zudem sein, dass unsere Zielerreichung von Negativität geprägt wird. Das führt dazu, dass wir unserem Unterbewusstsein negative Aspekte visualisieren. Was dann passiert können Sie sich sicher vorstellen. Und genau diese negativen Aspekte können wir durch die bewusste Visualisierung eliminieren.

Sie wissen nun schon eine ganze Menge über das Gesetz der Anziehung. Wie und was Sie beeinflussen können, damit Ihr Leben optimal für Sie ausfällt. Im nächsten Kapitel möchte ich Ihnen Schritt für Schritt aufzeigen, wie Sie das Gesetz der Anziehung bewusst in Ihrem Leben anwenden können.

Nehmen Sie Ihr Leben ab sofort bewusst in die Hand!

Lebensverändernd – die bewusste Anwendung des Gesetzes der Anziehung

Ich habe zuvor davon geschrieben, dass das Gesetz der Anziehung bereits unbewusst Ihr Leben beeinflusst hat. Sie wissen jedoch auch, warum es trotzdem besser ist, wenn Sie sich dem Gesetz der Anziehung bewusst sind.

Durch all das erlernte Wissen in diesem Buch sind Sie nun ausgerüstet. Sie wissen, wie das Gesetz der Anziehung funktioniert und wie Sie es beeinflussen können.

Ich werde Sie Schritt für Schritt zur bewussten Anwendung des Gesetzes der Anziehung führen. Zudem werde ich noch auf drei weitere elementare Teile eingehen, die das Gesetz der Anziehung beeinflussen: die Umsetzung, das positive Denken, und die langfristige Änderung von Glaubenssätzen.

Schritt für Schritt zum Ziel

Mit dieser «Schritt für Schritt»-Anleitung möchte Ihnen aufzeigen, wie das Gesetz der Anziehung bei mir funktioniert. Ich konnte dadurch schon einige Erfolge erzielen und stehe daher voll und ganz dahinter. Meine Anleitung ist für Individuen geformt und nicht generisch wie es häufig in Ratgebern vorkommt. Daher bin ich mir sicher, dass es auch bei Ihnen funktioniert.

Ich werde Ihnen die Anwendung in 3 Schritten erklären, die Sie eins zu eins befolgen können:

1. Schritt: Analyse und Einstellung eigene Person

Ich habe Ihnen in den vorherigen Kapiteln aufgezählt, was alles mit dem Gesetz der Anziehung in Verbindung steht. Es ist also nicht so, dass Sie sich einfach ein Ziel setzen können und dann wird es automatisch durch Ihre Gedanken daran erfüllt. Es steckt mehr dahinter, vor allem wenn Sie all Ihre zukünftigen Ziele erreichen möchten.

Ich möchte hier nochmals alle Komponenten kurz aufzählen, die eine wichtige Rolle für das Gesetz der Anziehung spielen:

Selbstliebe: Es ist wichtig, dass Sie alles an sich, jede Eigenschaft und jedes Körperteil lieben. Sie haben die Möglichkeit alles an sich zu ändern, damit es Ihnen zu 100% gefällt und Sie glücklich macht. Wenn Ihnen etwas noch nicht gefällt, ändern Sie es. Egal wie viel Zeit die Änderung beansprucht.

Wertehaltung: Wir haben drei Grundwerte: Liebe, Freiheit und Macht. Diese Grundwerte sind schwer zu ändern und tief verankert. Meistens sind sie uns nicht einmal bewusst und trotzdem begleiten sie uns ein Leben lang. Und genau deshalb, weil sie uns ein Leben lang begleiten, ist es vorteilhaft, sie zu kennen und hinter Ihnen stehen zu können. Es bringt jedoch nichts, wenn Sie auf einen Wert behaaren und warten bis er Ihnen gefällt. Wenn Sie etwas stört, ändern Sie es. Hinterfragen Sie Ihre Werte kritisch, auch wenn es Zeit, Arbeit und vielleicht auch Mut kostet.

Gefühle: Es macht einen großen Unterscheid, ob Sie mit guten oder schlechten Gefühlen durch die Welt gehen. Ihr Wohlbefinden und alle anderen Faktoren der inneren Einstellung sind davon betroffen, dadurch automatisch auch das Gesetz der Anziehung. Sie entscheiden selbst, was Sie glücklich macht und durch was oder wen Sie sich gut fühlen.

Umfeld: Es macht Sie stark, kann Sie aber auch schwächen – Ihr Umfeld. Das wichtigste ist, dass Sie zufrieden mit sich selbst sind und ihr Leben bereits ohne jemand anderes blüht. Wenn Personen in Ihrem Leben sind, die Sie inspirieren und Ihr Leben noch besser machen, ist dies eine bereichernde Komponente. Wenn jedoch Personen in Ihrem

Leben sind, die Ihnen negative Gefühle vermitteln, hinterfragen Sie diese. Es kommt nicht darauf an, wie viele Freunde Sie haben oder dass Sie Ihre ganze Familie in Ihrem Leben berücksichtigen, es ist wichtig, dass Sie auf Personen setzen, die Ihnen guttun.

Gedanken: Was wir denken, das ziehen wir an. Somit sind Gedanken die direkte Verbindung zum Gesetz der Anziehung. Wir müssen positive Gedanken haben, um Positivität anzuziehen. Diese positiven Gedanken kommen nicht von irgendwo: Sie sind dafür verantwortlich. Sie sind zufrieden mit Ihrer inneren Einstellung und Ihrem Umfeld? Dann wird sich das auch automatisch auf Ihre Gedanken auswirken.

Glaubenssätze: Glaubenssätze ergeben sich über Jahre. Einige bleiben ein ganzes Leben, weil wir sie immer wieder bestätigen und so für richtig halten. Aber nur, weil wir sie für richtig erachten, heißt es nicht, dass sie auch wirklich richtig für unser gesamtes Leben sind. Hinterfragen Sie all Ihre Glaubenssätze kritisch. Wenn Ihnen ein Glaubenssatz nicht mehr zusagt, ändern Sie ihn. Es ist wichtig, dass Sie hinter all Ihren Glaubenssätzen stehen können.

Warum ist es wichtig, dass wir die innere Einstellung, unser Umfeld, und auch Gedanken und Glaubenssätze überprüfen und bei Bedarf anpassen? Wenn wir nicht zu 100% zufrieden und voller Positivität sind, können wir auch nichts Positives anziehen. Zur Folge hat es, dass wir unsere Ziele nicht so wie wir möchten oder gar nicht erreichen. Bevor Sie also zum nächsten Schritt schreiten: Kümmern Sie sich genau darum!

2. Schritt: Ziele setzen

Sie haben den ersten Schritt überdacht, analysiert und je nach Bedarf sogar angepasst. Sie sind nun bereit für die Zielsetzung. Denken Sie daran, sich je nur ein Ziel vorzunehmen. Überdenken Sie Ihr Ziel gut, denn Sie werden es erreichen.

Wenn Sie sich über Ihr Ziel sicher sind, definieren Sie es genau durch die fünf W-Fragen: Was ist Ihr Ziel? Wo genau befindet sich Ihr Ziel? Wann erreichen Sie Ihr Ziel? Wieso ist es Ihr Ziel? Wer ist beteiligt, damit Sie Ihr Ziel erreichen?

Mir hilft es oft, mein konkretes Ziel niederzuschreiben. So kann ich es auch gleich das erste Mal visualisieren. Wenn es Ihnen jedoch lieber ist, das Ganze im Kopf durchzuspielen, ist das natürlich auch ein Weg.

Warum ist es wichtig sein Ziel genau zu definieren? Damit Sie ein Ziel erreichen können, müssen Sie es genau kennen. Ein Ziel entsteht nicht einfach. Sie kreieren ein Ziel bewusst, oder eben manchmal auch unbewusst. Denken Sie an einen Kampf im Ring. Um den Konkurrenten zu schlagen, müssen Sie Ihn gut kennen. Sie sollten all seine Schwächen kennen und seine Kämpfe, die er vorab geführt hat. Nur so haben Sie die Chance, ihn zu besiegen.

3. Schritt: Ziel visualisieren

Sie sind sich nun über Ihr Ziel bewusst. Damit sind Sie bereit, Ihr Ziel zu visualisieren. Das Visualisieren ist eine uralte Technik, die sich aber bis heute bewährt. Wir sprechen bei diesem Schritt auch davon, dass wir das Ziel vor unserem Unterbewusstsein visualisieren. Die Reihenfolge des Visualisierens weicht deshalb nur minimal von der Ansprache des Unterbewusstseins ab. Ich werde aufgrund dessen nicht auf alle Punkte detailliert eingehen:

a. Zur Ruhe kommen

Finden Sie einen Ort, an dem Sie zur Ruhe kommen, um sich Ihr Ziel zu visualisieren. Erinnern Sie sich daran, dass der Ort nicht ruhig sein muss. Er muss Sie einfach zur Ruhe kommen lassen. Es kann ein Platz im Wald sein oder ein Kaffee, in dem Sie sich wohlfühlen.

b. Dankbarkeit praktizieren

Seien Sie dankbar, dies wird Sie auf positive Gedanken bringen. Mit diesen werden Sie Ihr Ziel optimal visualisieren können.

c. Ziel vor das geistige Auge setzen

Setzen Sie Ihr bereits vordefiniertes Ziel vor Ihr geistiges Auge. Das heißt so viel wie: visualisieren Sie Ihr Ziel nun dem Unterbewusstsein. Wie sieht das Ziel aus? Wie riecht das Ziel? Wie fühlt sich das Ziel an? Lassen Sie bereits jetzt Gefühle für das Ziel entstehen.

d. Ziel leben

Nehmen Sie all die Gefühle, die vor Ihrem geistigen Auge entstanden sind, in die Realität. Leben Sie das Ziel, als hätten Sie es bereits erreicht. Denken Sie daran: alles was Sie sich vorstellen und für das Sie Gefühle empfinden können, das alles ist auch tatsächlich erreichbar.

Warum ist es wichtig, Ihr Ziel zu visualisieren? Damit wir ein Ziel erreichen können, müssen wir neben unserem Bewusstsein auch das Unterbewusstsein ansprechen. Genau dies machen Sie, wenn Sie das Ziel visualisieren.

Die Umsetzung

Klingt irgendwie logisch, trotzdem wird es oft nicht oder nur teilweise gemacht. Mit der Umsetzung ist nicht nur gemeint, dass Sie sich ab sofort dem Gesetz der Anziehung bewusst sind. Es geht vielmehr darum, dass Sie alle einzelnen Schritte aus diesem Buch auch wirklich umsetzen. Denn wenn Sie nur bei ein paar Schritten zur Tat umschreiten, wird Sie dies nicht zum ersehnten, langfristigen Erfolg führen.

Wie Sie bereits gelesen haben, stehen die Gedanken in direkter Verbindung mit dem Gesetz der Anziehung. Es funktioniert deshalb nur, wenn Ihre Gedanken am richtigen Ort und vor allem positiv sind. Sie sind sich zudem bewusst, dass es insgesamt mehr braucht, als nur ein Umdenken.

Ich möchte Ihnen ans Herz legen, dass Sie jeden einzelnen Schritt durchgehen. Geben Sie sich Zeit und sind Sie ehrlich mit sich selbst. Sie werden dadurch vielleicht einige Male an sich selbst zweifeln, doch vergessen Sie dabei nie, dass Sie sich auf dem Weg zu Ihrem Ziel befinden.

Wenn wir auf die Welt kommen haben wir weder Wissen noch harte Muskeln. Denken Sie nun einmal an den Schauspieler Dwayne „the Rock“ Johnson. Woher denken Sie kommt sein Muskelbau? Genau, von hartem Training. Wahrscheinlich ist Ihr Ziel nicht den Muskelbau von Dwayne „the Rock“ Johnson zu erlangen, dennoch haben auch

Sie ein Ziel oder sogar mehrere, und jedes einzelne ist es wert umgesetzt zu werden.

Es hat noch niemand etwas erreicht, ohne sich anzustrengen und wirklich auch etwas zu ändern! Wenn Sie Ihre Ziele nicht umsetzen, dann wird es niemand für Sie tun. Darum denken Sie daran: Sie sind der Einzige, der Sie so formen kann, wie Sie sein möchten. Sie sind der Einzige, den Sie zu 100% lieben *müssen*.

Positives Denken

Sie haben bereits ein Ziel und wissen wie Sie es mit Hilfe des Gesetzes der Anziehung erreichen können. Alles funktioniert soweit, das einzige, das Ihrem bewussten Alltag nun noch fehlt, ist das positive Denken. Ihr Denken wird zwar automatisch positiv, wenn Ihre innere Einstellung, Ihr Umfeld und Ihre Gedanken und Glaubenssätze stimmen. Trotzdem ist es wichtig, dass Sie auch bewusst positiv denken.

Was heißt «bewusstes, positives Denken»?

Dies möchte ich Ihnen anhand eines Beispiels erklären. Bisher sind Sie glücklich durch die Welt gegangen mit vermeintlich positiven Gedanken. Jedoch plagte Sie immer dieses mulmige Gefühl, wenn Sie zum Arzt mussten. Denn wenn Sie zum Arzt gingen hatten Sie normalerweise Beschwerden. Deshalb sind Sie fest davon überzeugt, dass Sie auch beim nächsten Arztbesuch wieder Beschwerden haben werden. Tatsächlich stellt sich auch beim nächsten Arztbesuch eine Beschwerde heraus.

Diese negativen Gedanken an Ihre Arztbesuche sind tief in Ihrem Hirn verankert. Sie haben sich mit der Zeit immer mehr eingenistet, denn durch die Resultate Ihrer Arztbesuche wurden diese negativen Gedanken immer wieder bestätigt. Damit Sie diese negativen Gefühle in positive umwandeln können, hilft es Ihnen, wenn Sie dieses positive Denken verinnerlichen.

Durch positive Gedanken würde das Beispiel von eben sich wie folgt ändern: Ihr Arzt vermittelte Ihnen zwar bei jedem Ihrer Besuche eine Diagnose, es handelte sich jedoch um keine lebensbedrohliche Dia gnose. Sie sind dankbar dafür, gleichzeitig denken Sie daran, dass Sie ein Mensch sind und kein Roboter. Und damit Sie so tadellos funktionieren ist ab und an ein Leck nötig.

Wie bereits erwähnt wird Sie die Änderung von negative in positive Gedanken zum einen Zeit und zum anderen Geduld kosten. Wenn Sie diese Änderung jedoch vorgenommen und visualisiert haben, dann werden Sie sich wie ein neuer Mensch fühlen.

Sie sehen, dass ich oben auf das Wort «dankbar» zurückkomme. Das hat einen bewussten Grund: Viele Ihrer Gedanken können Sie durch Dankbarkeit in einem positiven Aspekt sehen. Denn hinter den meisten negativen Gedanken steckt auch irgendein positiver. Versuchen Sie es so: Jedes Mal, wenn Sie einen negativen Gedanken hegen, versuchen Sie etwas Positives darin zu sehen.

Zudem möchte ich Sie von einem falschen positiven Denken abhalten. Oft scheint uns etwas glücklich zu machen, was uns eigentlich gar nicht wirklich glücklich macht. Es ist wie eine Fata Morgana, wir wollen es so sehr, dass wir unsere Wünsche zu Realität werden lassen.

Nehmen wir an Sie sind Millionär. Sie haben viel Geld und können sich alles kaufen, was Sie möchten. Diese Tatsache müsste Sie eigentlich glücklich machen. Durch das viele Geld können Sie sich schließlich alles kaufen, was Sie sich wünschen. Sie sind so sehr davon überzeugt, dass Sie glücklich sein SOLLTEN, dass Sie dies wirklich auch anfangen zu glauben.

Das Problem ist, dass Sie sich in Realität anders fühlen und gar nicht wirklich glücklich sind. Dieses negative Gefühl wird sich so lange durch Ihr Leben ziehen, bis Sie tatsächlich positiv denken, respektive die wahre Glücklichkeit gefunden haben. Sie werden dadurch das «ich sollte»-Gefühl ablegen und nicht mehr in die Realität projektieren. In unserem Beispiel könnte wahre Glücklichkeit so aussehen: Sie finden einen Partner und mit diesem können Sie das Geld ausgeben, oder ein Teil des Geldes spenden.

Wenn Sie bereits so weit sind und wahre Glücklichkeit gefunden haben, ihr Leben nach Ihren Wünschen gestalten, und sich zu 100% lieben, dann wird dieses positive Denken wie gesagt automatisch auftreten. Vergessen Sie nicht, es zu verinnerlichen. Das positive Denken kann für Sie somit auch ein Indikator sein, ob Sie wirklich dastehen, wo Sie stehen möchten. Und ob Sie von den Personen umgeben sind, von denen Sie wahrhaftig umgeben sein möchten.

Eine kleine Anmerkung meinerseits an Sie. Positives Denken hat nicht nur einen großen Einfluss auf das Gesetz der Anziehung, es beeinflusst Ihr ganzes Leben. Es lohnt sich also mit positiven Gedanken durchs Leben zu gehen.

Langfristige Änderung von Glaubenssätzen und Werten

Unsere Glaubenssätze und Werte sind die Wurzeln von allen weiteren Komponenten der inneren Einstellung, unseren Gedanken und unserem Umfeld. Darüber habe ich Sie schon genaustens aufgeklärt. Nun möchte ich Ihnen aufzeigen, wie Sie diese beiden Faktoren langfristig zu Ihrer Zufriedenheit ändern können. Durch Änderung dieser Faktoren werden sich all die anderen Komponente automatisch in dieselbe Richtung entwickeln.

Die beste Strategie für diese Änderung ist Meditation. Sie kann sogar wahre Wunder bewirken und Ihnen helfen, Antworten auf Fragen zu finden.

Was ist «Meditation» überhaupt?

Um diese Frage zu beantworten möchte ich Ihnen näher beschreiben, wie es sich anfühlt zu meditieren. Stellen Sie sich vor Sie sind tiefen entspannt. In diesem Zustand und mit den Augen geschlossen befinden Sie sich nun an Ihrem Lieblingsort. Sie fühlen sich in diesem Moment, als würden Sie schweben. Sie sind federleicht, weil Sie an nichts denken. Ihr Alltag ist weit entfernt.

In etwa so fühlt es sich an, wenn Sie sich in einer Meditation befinden. Ob geführt oder in Eigenregie. Wenn Sie bereits meditiert haben, kann es auch sein, dass die Meditation bei Ihnen anders aussieht. Im Großen und Ganzen kann ich jedoch durchaus behaupten, dass es ein wunderschönes und freies Gefühl ist.

Warum meditieren?

Nun, wo lässt es sich besser denken als an einem Ort, wie dem oben Beschriebenen? Sie fühlen keine Zeit, kein Raum und kein Druck. Alles was Sie sich vorstellen möchten, das befindet sich an diesem Ort. Alles andere liegt in weiter Ferne.

Das ist der Grund warum ich Ihnen anrate zu meditieren, um Ihre Glaubenssätze und Werte langfristig zu ändern. Sie befinden sich während der Meditation genau da, wo Sie sein möchten und sind wie Sie sein möchten. Der Ort steht Ihnen für alles was Sie beschäftigt zur Verfügung. Sie können klarer sehen und vor allem auch aus einer anderen Perspektive.

Warum Ihnen die Meditation hilft, auch wenn Sie nicht an den spirituellen Aspekt des Gesetzes der Anziehung glauben: Die Meditation wird tatsächlich vor allem in spirituellen Bereichen genutzt. Jedoch funktioniert Sie nicht nur, wenn man spirituell interessiert ist. Wir alle besitzen ein Hirn mit einer großen Vorstellungskraft und genau so wird Meditation genutzt. Wir stellen uns einen Ort vor, an dem wir Zeit und Raum nicht in unsere Gedanken einbeziehen.

Wie funktioniert meditieren?

Finden Sie einen ruhigen Ort, an dem Sie sich gut und geborgen fühlen. Es sollte ein ungestörter Ort sein, an dem Sie für eine bestimmte Zeit allein sind. Meditieren dauert von ca. 20 Minuten bis in das Unendliche. Sie können selbst entscheiden wie lange Sie meditieren möchten.

Es gibt zwei Möglichkeiten zu meditieren:

1. Möglichkeit: Die geführte Meditation

Unter der geführten Meditation versteht sich der Zusatz einer anderen Person, die spricht und Sie folgen deren Worte. Die Person führt

Sie durch die ganze Meditation. Sie kann sich im Raum befinden oder sie können ihre Stimme über einen Lautsprecher oder Kopfhörer abhören. Damit Sie eine angenehme Meditation genießen können, ist es wichtig eine Person auszuwählen, deren Stimmklang sie mögen.

Nicht jede Stimme erreicht Ihr offenes Ohr. Seien Sie kritisch, es gibt Personen, die bevorzugen Frauenstimmen. Andere Personen bevorzugen tiefe oder ruhige Stimmen. Entscheiden Sie für sich, was Ihnen am meisten zusagt.

Suchen Sie sich zudem eine Meditation, die zu Ihrem individuellen Meditationsziel passt. Sie möchten beispielsweise meditieren, um einen Glaubenssatz im Grundwert «Macht» zu ändern: Suchen Sie nach einer Meditation diesbezüglich.

Sie können entweder Gruppenmeditationen beitreten oder auf Apps, Podcasts, auf YouTube-Tutorials, usw. zurückgreifen. Sie finden in verschiedenen Medien Meditationen zu allen möglichen Themen. Verwenden Sie das Tool, das Ihnen am meisten zusagt. Nicht für jeden ist die gleiche App oder derselbe Podcast der richtige Meditationshelfer.

Dann ist es wichtig, dass Sie sich auch hier wieder Zeit geben und die Meditation mit Geduld angehen. Es handelt sich auch hier um eine uralte Kunst. Es ist nicht unmöglich, sie zu nutzen braucht jedoch Zeit, um sie zu verstehen und auch richtig anzuwenden.

Es kann sein, dass Ihre erste Meditation nicht auf Anhieb funktioniert, oder vielleicht gelangen Sie nicht sofort an den zuvor beschriebenen Ort. Vielleicht brauchen Sie auch einfach länger, um zur Ruhe zu kommen. Alles wird mit der Zeit funktionieren, haben Sie Geduld.

Die geführte Meditation ist optimal für Personen, die das erste Mal meditieren oder sich noch in den Startlöchern befinden. Sie vereinfacht es, zur Ruhe zu kommen, an „Nichts“ zu denken, und an den beschriebenen Ort zu gelangen. Sie werden sehen wie schwierig es ist an „Nichts“ zu denken.

2. Möglichkeit: Meditation in Eigenregie

Sie haben bereits einige Male meditiert und wissen wie Sie sich in den beschriebenen Zustand versetzen können. Sie werden schnell bemerken, wie Sie Glaubenssätze und Werte in der Meditation langfristig ändern können.

Diese Möglichkeit ist schwieriger, weil wir von Natur aus immer an etwas denken. Unser Hirn „abzuschalten“ ist unmöglich, wenn Sie jedoch Ihr Hirn und die Gedanken beherrschen, dann ist dies die perfekte Möglichkeit. Denn durch Eigenregie können Sie zu allen möglichen Themen an allen möglichen Orten meditieren. Sie benötigen keine Hilfe und sind auf nichts und niemanden angewiesen.

Wenn Sie sich entscheiden zu meditieren ist Ihr Ziel für die Meditation klar. Sie möchten einen Wert oder Glaubenssatz ändern. Seien Sie sich genau bewusst, was Sie ändern möchten. Denn wenn Sie es nicht genau wissen, können Sie während der Meditation auch nicht vertieft darauf eingehen.

Je genauer Sie Ihr Ziel kennen, desto besser. Ich habe Ihnen in diesem Buch eine Abfolge vorgeschlagen, der Sie nachgehen können, um Ihr Ziel klar zu definieren. Ich würde Ihnen anraten auch Ziele Ihrer Meditationen danach zu definieren.

Ziehen Sie an, was Sie wirklich wollen

Haben Sie sich überhaupt schon gefragt, was SIE wirklich wollen? Oder haben Sie bisher immer nur ausgeführt oder sich nach den Zielen anderer gerichtet? Denn wenn dem so ist, haben Sie sehr wahrscheinlich aufgrund dessen keine eigenen Ziele. Sie verfolgen die Ziele von andern.

Wir sind enorm an unsere Gesellschaft und deren Wünsche gebunden. Oft ist uns das gar nicht wirklich bewusst. Manchmal ist es uns gar bewusst, wir wollen es jedoch nicht einsehen, respektive wird nichts anderes von uns erwartet. Es ist nun also allerhöchste Zeit: nehmen Sie sich ein Zeitfenster und beschäftigen Sie sich mit sich selbst.

Haben Sie bereits Ziele?

Machen Sie sich Gedanken und analysieren Sie auch Ihr Unterbewusstsein. Entsprechen Ihre Ziele Ihnen wirklich oder sind sie künstlich generiert?

Ihre beste Freundin erzählt Ihnen von Ihrer Lohnerhöhung, die Sie gerade erhalten hat. Sie merkt dabei an, dass Ihre Arbeit ebenfalls mehr Lohn verdient hätte. Dazu ermutigt sie Sie, sich doch auch mal mit Ihrem Chef zu unterhalten. Dies ist zwar eine Aufforderung, heißt aber nicht, dass:

1. Sie es auch wirklich machen müssen.
2. Sie sich ebenfalls eine Lohnerhöhung wünschen.

Oftmals lässt unser Umfeld in unseren Köpfen automatisch Wünsche und so Ziele aufkommen. Diese waren zuvor noch nicht da, sie wecken in uns also ein Bedürfnis, das eigentlich gar keines ist. Vielleicht werden diese Ziele tatsächlich zu unseren eigenen. Meistens handelt es sich jedoch um Ziele, die uns gar nicht entsprechen. Wir sollten diese Ziele von anderen eher als Denkanstöße für unsere eigenen sehen.

Um herauszufinden, ob das Ziel wirklich durch Ihren eigenen Willen entstanden ist, fragen Sie sich folgendes: Müssen Sie das Ziel erreichen oder möchten Sie das Ziel erreichen? Fragen Sie sich laut, wenn Sie allein sind. Denn wenn Sie es laut vor sich hinsagen und es insgeheim nicht die Wahrheit ist, dann fühlt es sich wie eine Lüge an.

Warum hilft Ihnen diese Frage? Ein Ziel, das Sie erreichen MÜSSEN ist ein künstlich generiertes Ziel. Ein Ziel, das Sie hingegen erreichen MÖCHTEN ist aus Ihren eigenen Bedürfnissen entstanden. Sie merken durch diese Frage automatisch von welcher Art Ziel es handelt.

Ein weiterer Indikator, ob ein Ziel Ihnen wirklich entspricht, ist die Zeit für die es sich bereits in Ihrem Hirn befindet. Sie haben einen Wunsch, den sie seit Ihrer Kindheit hegen. Sie denken immer wieder mal an Ihren Wunsch, sind aber nie so richtig vom Zeitpunkt zur Umsetzung überzeugt.

Plötzlich kommt jedoch der Moment, in dem Sie von Ihrem Wunsch überzeugt sind und ihn sich als festes Ziel setzen. Wenn Sie sich über lange Zeit mit einem Wunsch befassen handelt es sich mit Sicherheit ebenfalls um ein wahres und kein künstlich generiertes Ziel.

Es ist nichts Schlimmes oder Negatives, wenn Sie Ziele von anderen übernommen haben oder auch zukünftig übernehmen. Es kann sogar sein, dass Ihnen diese Ziele und Wünsche tatsächlich zusagen. Es ist nur wichtig, dass Sie sich Ihren Zielen bewusst sind und diese auch mit Ihrem Unterbewusstsein angehen.

Wir sind zwar alle Individuen, trotzdem können wir dieselben Ziele haben. Durch unsere innere Einstellung, unser Umfeld, und unsere Gedanken und Glaubenssätze sehen meistens sogar dieselben Ziele plötzlich ganz anders aus.

Sie haben noch keine Wünsche oder Ziele?

Dann ist es jetzt an der Zeit, dass Sie sich überlegen, was IHRE Wünsche und Ziele für Ihr Leben sind. Das Gesetz der Anziehung kann nicht funktionieren, wenn Sie nicht wissen, was Sie in Ihrem Leben wirklich wollen. Nehmen Sie sich genügend Zeit, um Ihr Bewusst- und Unterbewusstsein zu erlangen. Lassen Sie sich, wie schon gesagt, auch *von außen* inspirieren. Passen Sie nur auf, dass aus der Inspiration kein künstlich generiertes Ziel entsteht.

Ob bereits vorhandene Ziele oder neu zu definierende, es ist wichtig, dass es IHRE Wünsche und Ziele sind und nicht aus der Gesellschaft oder Ihrem Umfeld entstandene. Ich möchte hier nochmals anmerken, dass wir alles Individuen sind und uns auch als solche sehen sollen.

Änderung Bewusstsein statt Unterbewusstsein

Oft ecken wir an und erreichen unser Ziel nicht, weil nur unser Bewusstsein auf die Erreichung zusteuert. Vor dem Unterbewusstsein wurde das Ziel gar nicht visualisiert. Damit das Gesetz der Anziehung jedoch funktioniert, müssen wir unsere Ziele auch vor dem Unterbewusstsein visualisieren.

Wenn Sie dies noch nicht gemacht haben, wissen Sie nun, was sie zu tun haben. **Dann wird das Gesetz der Anziehung bestimmt auch bei Ihnen funktionieren.**

Ungeduld

Wenn wir uns ein Ziel vornehmen, möchten wir dieses immer möglichst schnell erreichen. Wir machen alles, um dieses eine Ziel zu erreichen und stecken dazu in allem anderen zurück.

Sie möchten lernen zu kochen. Sie haben diesen Wunsch schon länger in Ihrem Kopf. Nachdem Sie nun die Kochshow von Jamie Oliver im Fernsehen gesehen haben, setzen Sie sich den Gedanken nun definitiv als Ziel.

Sie entscheiden sich am selben Tag, das Abendessen für sich und Ihren Partner zu kochen - es wird Lasagne geben. Die Fertig-Nudel-Suppen und die zwei Tiefkühlpizzen werfen Sie in den Abfall und kaufen dafür alle Zutaten für Ihre Lasagne frisch ein.

Nachdem Sie den Teig mit Arg und Mühe nach einer Stunde endlich fertig haben, machen Sie sich an die Tomatensauce. Die Tomatensauce wird zum wahren Massaker, als Sie die Tomaten schälen wollen. Sie entscheiden sich die Fertigsauce zu verwenden und die restliche Zeit dafür zu nutzen, eine leckere Béchamelsauce herzuzaubern.

Als Sie nach 4 Stunden, ein paar grauen Haaren mehr, und Ihrem vor Hunger fast sterbenden Partner endlich alle Zutaten beisammenhaben, starten Sie die Lagen übereinander zu schichten. Geschafft! Sie schieben die fertige Lasagne in den Ofen und warten nun weitere 45 Minuten.

Sie nehmen die Lasagne aus dem Ofen und servieren sich und Ihrem Partner stolz je ein Stück davon. Sie sind ganz erstaunt darüber, dass Ihre Lasagne so lecker aussieht. Sie nehmen in der ganzen Aufregung einen herzhaften ersten Bissen von Ihrer selbst gemachten Lasagne. Plötzlich trifft Sie der Schlag, denn die Lasagne schmeckt nach Nichts. Sie haben das Salz vergessen, in all Ihren Zutaten.

Sie denken wütend über den ganzen Aufwand nach und sind der festen Überzeugung, dass «Kochen» einfach nicht zu Ihren Stärken gehört. Zurück also zu den Fertig-Nudel-Suppen und Tiefkühlpizzen.

Sie geben Ihr Ziel, Kochen zu lernen, nach einem Versuch auf. Sie entscheiden sich dazu aufzugeben, weil Ihnen Ihr erstes Menü nicht auf Anhieb gelungen ist.

In Ihrem Fall ist es vielleicht nicht das Kochen, dass Sie nach dem ersten Versuch aufgeben. Vielleicht handelt es sich bei Ihnen um einen Sport. Was ich Ihnen damit sagen möchte, ist dass wir unsere

Ziele viel zu schnell aufgeben. Wenn es uns beim ersten Versuch nicht gelingt, unser Ziel zu erreichen, stempeln wir es ab.

Viel zu oft deklarieren wir diese Ziele als, «ich habe einfach kein Talent dazu». Was jedoch, wenn es kein Talent braucht um etwas zu können? Was wenn Sie alles erreichen können, was Sie sich als Ziel setzen? Genauso ist es. Das Zauberwort heißt: Zeit. Geben Sie nicht auf, weil es das erste Mal nicht funktioniert hat. Geben Sie nicht auf, weil Ihre erste Lasagne nicht gut schmeckt. Geben Sie alles bei Ihrem nächsten Versuch und lernen Sie von diesem ersten Mal, bei dem Sie gescheitert sind.

Talent

Wie kann es sein, dass Sie einige Dinge automatisch besser können als zum Beispiel Ihre Geschwister und umgekehrt?

Sie sind am gleichen Ort aufgewachsen. Sie haben von den gleichen Erziehungsmaßnahmen Ihrer Eltern profitiert und sind vielleicht auch alle vom gleichen Geschlecht. Der einzige Unterschied ist das Alter von Ihnen zu Ihren Geschwistern.

Dadurch das wir alle Individuen sind, haben wir auch ganz unterschiedliche Interessen und verfolgen andere Ziele. Um das Ganze einfacher zu erklären, erzähle ich eine kurze Geschichte von eineiigen Zwillingen.

Es handelt sich um zwei Jungs: Kevin und Andreas. Kevin ist Webentwickler und Andreas ist Künstler. Beide mögen Ihre Berufung sehr. Die Zwillinge sehen exakt gleich aus, sind gleich groß, haben die gleiche Statur und Größe, etc.

Am Familienfest werden beide aufgefordert, eine Seite im Fotoalbum für die Großmutter zu gestalten. Kevin tut sich schwer und hat einfach keine Ideen. Als er beginnt zu zeichnen, gelingt ihm nichts, das ihm gefällt. Er entscheidet sich, etwas zu schreiben. Andreas hingegen strotzt nur so vor Ideen und kann gar nicht aufhören, die Seite zu gestalten. Schlussendlich schafft er ein Meisterwerk.

Nun werden Sie sagen, dass die Seite von Andreas offensichtlicher Weise besser wird, aufgrund seines Berufes. Sie haben recht, Andreas gefällt es zu gestalten. Er sprüht nur so vor Ideen. Kevin hingegen ist nicht interessiert und hat daher auch keine Ideen. Sein Kunstwerk sieht einfach nicht so schön aus wie das von Andreas.

Was uns interessiert, geht uns einfacher von der Hand und macht uns automatisch auch mehr Spaß. Das Endergebnis wird gut, wie die Albumseite von Andreas.

Stellen Sie sich etwas vor, das Sie mögen. Sie lieben es, Zeit dafür zu investieren, stetig besser zu werden, und alles dafür zu geben. Sie bilden sich darin gerne weiter, damit Sie Ihre Ergebnisse optimieren können.

Neben dem, dass Sie etwas, das Sie interessiert, gut machen, setzen Sie sich automatisch auch mehr damit auseinander. Sie werden so immer besser darin und vor allem und wiederum offensichtlich sind Sie besser darin, als eine andere Person, die sich nicht dafür interessiert.

Das scheint alles klar und logisch zu sein. Um das Thema «Talent» etwas klarer zu erleuchten, wenden wir doch das Blatt um.

Kevin interessiert sich plötzlich auch für Kunst und beginnt in seiner Freizeit zu malen. Er ist so fasziniert, dass er seinen Job als Webentwickler aufgibt, um dafür ebenfalls eine Karriere als Künstler zu starten. Er investiert eine Menge Zeit um besser zu werden und macht schnell Fortschritte.

Wenn er so weiter macht kann er so gut werden wie sein Bruder Andreas. Er kann sogar besser werden, wenn Andreas aufhören würde, sich weiterzubilden und seine Ergebnisse zu optimieren. Wenn Andreas jedoch weiterhin so fleißig malt wie sein Bruder wird er immer besser bleiben. Denn er hat bereits mehr Erfahrung darin gesammelt.

Kunst ist vielleicht ein schwieriges Thema, weil sie so individuell ist wie wir Menschen. Dadurch können wir grundsätzlich nicht sagen, was besser und was schlechter ist. Ich gehe jedoch davon aus, dass Sie verstehen, was ich mit diesem Beispiel sagen möchte.

Ich möchte mich noch weiter in das Thema vertiefen. Was ist, wenn es im gleichen Beispiel einfach von zwei Brüdern handeln würde, die jedoch keine Zwillinge sind? Haben die beiden dann auch die gleichen Chancen, gleich talentiert zu sein? Hierbei kommt es darauf an, von was es handelt und wie sich die Brüder genau unterscheiden.

Nehmen wir das beliebte Thema Mann und Frau. Seit Jahren versuchen wir uns gleichzustellen, ich kann Ihnen jedoch versichern, dass wir nicht gleichgestellt werden können. Wir unterscheiden uns in unterschiedlichen Bereichen enorm (abgesehen von den heutigen möglichen, ärztlichen Eingriffen). Zum Glück!

Ein ganz einfaches Beispiel dazu: Frauen haben Eizellen, Männer haben Spermien, um diese zu befruchten. Eines funktioniert nicht ohne das andere Geschlecht. Daher ist die Existenz von beiden Geschlechtern wichtig - mit all ihren Unterschieden. Es gibt kein Geschlecht, das wichtiger oder weniger wichtig ist.

Daher gibt es auch ganz klar Themen, die einer Gleichstellung bedürfen. Wie zum Beispiel: gleiche Leistung - gleicher Lohn. Wenn es jedoch darum geht, Positionen bei der Arbeit zu verteilen oder Sportarten auszuführen, müssen wir einsehen, dass es Differenzen gibt.

Die Gründe dafür sind Unterschiede im Hirn (Größe, Verbindungen, Aktivitäten, etc.) und dem Körper/Körperbau (Hormone, Muskelverteilung, Beckenbreite, etc.). Es gibt einige Aspekte, die wir nicht vergleichen und uns daher als Mann und Frau auch nicht gleichstellen können.

Gerne möchte ich je Grund ein Beispiel eines bestehenden Vorurteils nennen:

Frauen können nicht einparken.

Tatsächlich stimmt etwas an diesem Vorurteil. Es ist nicht grundsätzlich so, dass Frauen nicht einparken können. Studien besagen jedoch, dass Männer ein besseres räumliches Vorstellungsvermögen haben. Das gibt Ihnen einen Vorteil beim Einparken.

Frauen sind dehnbarer als Männer.

Auch dieses Vorurteil ist tatsächlich wahr. Die Gründe, warum Frauen dehnbarer sind als Männer: Frauen haben einen tieferen Körperschwerpunkt, einen längeren Rumpf und die Knochen von Frauen weisen eine leichte Überdehnbarkeit auf. Somit bestätigt sich auch dieses Vorurteil.

Diese Vorurteile haben also oft nichts mit Feindlichkeit gegenüber dem anderen Geschlecht zu tun. Viel mehr sind es belegte Tatsachen aufgrund des Körpers/Körperbaus oder des Hirns.

Ich behaupte daher, dass Talent nicht existiert. Viel mehr hat es mit unseren Interessen, unserem Körper/Körperbau und dem Hirn zu tun. Um es uns jedoch einfacher zu machen wurde das Wort «Talent» erfunden. Dieses Wort wurde uns zum Verhängnis, denn wir verwenden es viel zu oft als Entschuldigung, etwas nicht zu tun.

Ein weiteres Wort, mit dem wir uns oft entschuldigen, ist «Glück». Sie hatten nochmals Glück, dass Sie diese Prüfung bestanden haben. Das hat mich dazu inspiriert auch zu diesem Wort einige Zeilen zu verfassen.

Glück

Das Wort «Glück» hat grundsätzlich zwei Bedeutungen:

1. Glück als Zustand

Wir streben unser ganzes Leben nach Glück. Wir wollen glücklich sein. Bei dieser Bedeutung handelt es sich um einen Zustand, respektive ein Gefühl.

2. Glück als Situationsbeschreibung

Wenn etwas unvorhergesehenes, zu unserem Vorteil passiert, nennen wir es ebenfalls Glück. Auch verwenden wir es als Wunsch, wenn jemand vor einer wichtigen Entscheidung oder einer wichtigen Situation steht. Ein gutes Beispiel ist eine bevorstehende Prüfung. Wir wünschen derjenigen Person Glück, dass Sie die Prüfung besteht.

Wenn wir scheitern rechtfertigen wir uns mit «ich habe halt einfach kein Talent darin» oder «da hatte ich wohl einfach kein Glück.». Wir lassen es dann einfach so stehen, anstatt es weiter zu versuchen. Es ist sozusagen eine Ausrede oder Entschuldigung zu sich selbst, um sich besser zu fühlen.

Die erste Bedeutung «Glück als Zustand» ist im Grunde gesehen unser aller Sinn des Lebens. Wahrscheinlich definieren Sie Ihren Sinn, hier auf der Erde zu sein, anders als «Ich strebe nach Glück». Und ziemlich sicher erreichen wir alle unseren Sinn auf unterschiedlichen Wegen. Dennoch können wir sagen, dass wir schlussendlich alle durch unseren Sinn des Lebens nach diesem Zustand streben.

Das heißt, Glück als Zustand ist wichtig für unsere Existenz. Es ist jedoch kein Wort für Ausreden oder Entschuldigungen uns selbst gegenüber. Wir haben alle die Möglichkeit alles zu erreichen, denn die Stärke liegt in jedem von uns.

Umfeld II

Auch in diesem Kapitel möchte ich das Umfeld nochmals thematisieren. Denn wie gesagt kann Sie das Umfeld positiv oder auch negativ beeinflussen.

Wenn Sie bei diesem Kapitel angelangt sind, haben Sie Ihr Umfeld vermutlich bereits analysiert und entsprechend geändert. Es kann jedoch sein, dass sich immer noch Personen in Ihrem Umfeld befinden, die Sie vielleicht mögen, die Ihnen aber nicht gut gesinnt sind.

Vielleicht mögen Sie die Personen nicht mal wirklich. Vielleicht ist nur Ihr Wunsch so groß, diese Person in Ihrem Leben zu behalten, dass Sie Ihren Wunsch mögen.

Es kann sein, dass Sie Personen im Umfeld haben, die mittlerweile nicht mehr in Ihr Leben passen, weil sie ein gänzlich anderes Leben führen und komplett andere (Wert-)Vorstellungen haben. Auch wenn es manchmal schmerzt sich von diesen Personen zu trennen, ist es doch ein wichtiger Schritt für Ihr Leben. Oft sind es Personen, die Sie mit deren Präsenz nicht stören.

Wenn Sie zu einer Person sagen können, dass sie Sie mit ihrer Anwesenheit nicht stört, aber nichts weiter zu ihr sagen können, was bringt Ihnen dann diese Freundschaft? Sehen Sie wirklich eine Bereicherung darin? Wenn nicht, ist es ebenfalls ein Zeichen, dass diese Person, auch wenn nicht bewusst, Sie blockiert.

Ich möchte Ihnen nicht sagen, welche Personen in Ihr Leben passen und welche nicht. Ich möchte Ihnen jedoch den Rat geben, dass Sie Ihr Umfeld hin und wieder genau hinterfragen und analysieren. Dass Sie Zeiträuber nicht weiterhin Ihre Zeit rauben lassen, denn wie Sie selbst wissen ist Zeit ein enorm kostbares und rares Gut von uns Menschen.

Wie privilegiert sind wir also, dass Sie dieses kostbare Gut selbst einteilen können? Sie haben die Möglichkeit die Zeit mit Menschen zu verbringen, die Ihr Leben bereichern und mit denen Sie sich wirklich gut fühlen. Denken Sie nicht, dass Sie eine schlechte Person sind, weil Sie eine Freundschaft auflösen. Im Gegenteil, Sie sind ehrlich und mutig.

Fehlender Wille

Nun mögen Sie denken, dass dieser Punkt irgendwie wirr ist. Wenn Sie schon so weit gekommen sind und sich hinterfragen warum bei Ihnen das Gesetz der Anziehung noch nicht funktioniert, besteht ja sicher auch ein Wille Ihr Ziel zu erreichen.

Ich bin mir sicher, dass Sie Ihr Ziel erreichen möchten. Dennoch kann es sein, dass bei Ihnen das Gesetz der Anziehung nicht funktioniert, weil der Wille zur Zielerreichung noch fehlt. Damit meine ich nicht, dass Sie nicht motiviert sind oder ein falsches Ziel haben.

Es ist jedoch so, dass wir manchmal Dinge tun, die über unseren Willen hinausgehen. Es geht in eine ähnliche Richtung, wie wenn wir uns ein Ziel setzen, das künstlich erzeugt wurde. Wir sind motiviert etwas zu ändern und sehen auch Gründe dazu. Jedoch fehlt noch unser wahrer Wille dazu.

Da uns das Ziel überkommt und wir motiviert sind, dieses zu erreichen, legen wir einfach mal los. Vielleicht ist es jedoch nicht der richtige Zeitpunkt oder der richtige Ort. Das können Gründe sein, warum der Wille bisher noch fehlt. Das heißt: wir sind zwar motiviert etwas zu ändern, durch den fehlenden Willen können wir aber noch nicht 100% dahinterstehen.

Wenn der Wille fehlt wird Ihnen dies durch ein Gefühl, dass etwas fehlt signalisiert. Vielleicht haben Sie das auch schon verspürt: Sie haben ein Ziel und sind motiviert für die Umsetzung. Sie bemerken je doch, dass Sie irgendwie nicht starten können. Warum dem so ist können Sie in diesem Moment nicht verstehen.

Sie bemerken, ob Ihr Wille da ist, wenn Sie Ihre Ziele mit vollem Herzen und zu 100% angehen. Sie fühlen sich durch und durch motiviert und freuen sich jedes Mal daran zu arbeiten.

Wie können Sie herausfinden, aus welchem Grund das Gesetz der Anziehung bei Ihnen noch nicht funktioniert?

Sie haben alle genannten Schritte aus diesem Buch befolgt, doch das Gesetz der Anziehung funktioniert bei Ihnen trotzdem nicht. In den meisten Fällen funktioniert das Gesetz der Anziehung dann nicht, wenn die Ziele nicht vor dem Unterbewusstsein visualisiert wurden.

Wenn Sie jedoch fest davon überzeugt sind, dass es sich nicht um diesen Grund handelt, lesen Sie sich die anderen Gründe nochmals laut vor und hören Sie auf Ihr Bauchgefühl. Warum Sie die Gründe laut vorlesen sollten? Wenn wir uns etwas laut vorlesen, hören wir uns auch automatisch besser zu.

Es ist, wie wenn jemand anderes mit uns spricht. Wir hören zu. Beim lauten Vorlesen passiert dasselbe. Wir hören automatisch zu und was wird Ihnen Ihr Bauchgefühl signalisieren? Beim lauten Vorlesen der Gründe werden Sie je nach Grund ein Gefühl oder keines verspüren. Wenn sich Ihr Bauchgefühl nicht seltsam anfühlt, hat der Grund wahrscheinlich auch nichts mit dem Nichtfunktionieren des Gesetzes der Anziehung zu tun.

Wenn Sie ein komisches Bauchgefühl bei einem der laut vorgelesenen Gründe verspüren, dann könnte dies der Grund sein, warum das Gesetz der Anziehung bei Ihnen noch nicht funktioniert. Analysieren Sie den Bereich dieses Grundes genau und geben Sie sich erneut Zeit, um Ihr Ziel zu erreichen.

Das Gesetz der Anziehung in den verschiedenen Lebensbereichen

Die 4 Lebenssäulen

Bestimmt haben Sie sich während des Lesens schon einige Male gefragt, wie denn nun eigentlich das Gesetz der Anziehung in den verschiedenen Lebensbereichen funktioniert. Was genau passiert, wenn Sie sich einen Partner wünschen oder eine schnelle Heilung Ihrer Fraktur am Knie? Gibt es da Differenzen? Oder funktioniert das Gesetz der Anziehung immer gleich?

Ihre Ziele befinden sich sehr wahrscheinlich in einem oder mehreren der folgenden Bereiche: Liebe, Gesundheit, Freiheit oder Karriere. Auch wenn Sie Ihre Ziele im ersten Moment in keinen der Bereiche einordnen können, funktioniert das Gesetz der Anziehung auch bei Ihnen. Egal in welchem Bereich sich Ihre Ziele befinden, das Gesetz der Anziehung funktioniert immer gleich: Sie ziehen an, was Sie denken und sich zum Ziel setzen.

Das Einzige, was sich ändert, ist der Weg, wie wir unser Ziel angehen. Durch unseren Weg funktioniert es schlussendlich auf Anhieb, oder es ist etwas mehr Zeit von Nöten. Ich möchte Ihnen dies in je einem Beispiel aufzeigen:

Liebe

Sie sind nun schon seit längerem Single und haben allmählich wieder das Bedürfnis auf eine feste Beziehung. Zuerst war es nur ein Gedanke, dann haben Sie mit einer Freundin darüber gesprochen und nun ist es ein festes Bedürfnis. Ihr Gehirn macht daraus ein Ziel, welches es zu verfolgen gilt.

Sie melden sich auf allen möglichen Online Dating Plattformen an. In Bars, bei der Arbeit, im Fitnessstudio, und in der Nachbarschaft bemerken Sie nun all die vielen Singles. Sie wussten gar nicht, dass es so viele Singles gibt. Denn als Sie Single sein wollten, hatten Sie das Gefühl, alle seien in einer Beziehung „gefangen". Sie haben ein paar Dates mit Personen, die Sie auf Tinder „gematched" haben. Nichts passt so richtig, weshalb Sie sich nach geraumiger Zeit entscheiden Ihre Profile auf den Online Dating Plattformen wieder zu löschen. Nachdem Sie die Profile gelöscht haben entscheiden Sie sich dazu, einen Trost-Latte Macchiato in Ihrem Lieblingskaffee einzunehmen.

Ausgeloggt und aus dem Sinn begeben Sie sich in Ihr Lieblingskaffee. Beim Anstehen drängelt sich die Person, die Sie bisher nur flüchtig in der anderen Ecke des Kaffees wahrgenommen haben, vor. Etwas verärgert kommen Sie ins Gespräch mit der Person und genießen Ihre Karottentorte und den Latte Macchiato zusammen. Sie entscheiden sich am Ende des Tages die Nummern auszutauschen, um sich wieder zu treffen.

Alles weitere können Sie sich bestimmt ausmalen. Nun, was möchte ich Ihnen mit dieser Geschichte mitteilen? Wir stehen uns häufig selbst im Weg. Grundsätzlich würde das Gesetz der Anziehung genau so funktionieren. Doch es gibt ein Problem an der ganzen Sache. Wir haben heutzutage so viele Mittel, um uns selbst zu beeinflussen und zu sabotieren. Damit legen wir uns selbst Steine in den Weg und sorgen dafür, dass das Gesetz der Anziehung nicht funktioniert.

Wir suchen bewusst nach einem perfekt passenden Partner. Wir tippen alles ins System ein, damit unser perfekter Partner daraus resultiert. Doch was, wenn genau dieser Perfektionismus an einen Partner den ganzen Reiz einer Beziehung nimmt? Dies würde dann heißen, dass die forcierte Partnersuche nicht mit dem Gesetz der Anziehung harmoniert.

Respektive kann es sein, dass eine Beziehung aus einem Tinder Match entsteht. Vielleicht harmoniert diese Beziehung am Anfang auch. Ich werde jedoch oft von Personen kontaktiert, die nach gewisser Zeit das Verlangen auf mehr oder etwas anderes haben. Machen Sie sich einmal Gedanken dazu, woraus Ihre perfekte Beziehung besteht?

Ist es wirklich das Wichtigste, dass Sie dieselben Interessen haben, die Karrieren in die gleichen Richtungen gehen, oder Sie beide keinen Brokkoli mögen? Wenn Sie den perfekten Partner gefunden haben, über was diskutieren Sie denn am Abend? Irgendwann sind all Ihre gemeinsamen Interessen durchdiskutiert.

Sie haben nichts, worin Sie noch zusammenwachsen könnten oder eine Uneinigkeit entstehen könnte. Oft ist es sogar so, dass diese Paare nichts aneinander auszusetzen haben. Das ist der Grund, warum irgendwann das Bedürfnis auf etwas Anderes, etwas Neues entsteht. Der Partner wird langweilig, weil er perfekt ist und Sie nichts mehr an ihm auszusetzen haben.

Sind Sie nun also wirklich auf der Suche nach dem perfekten Partner? Oder sind Sie in Wahrheit auf der Suche nach der perfekten Beziehung? Einen perfekten Partner können Sie im Internet finden. Die für Sie perfekte Beziehung jedoch nicht, dafür ist unsere Technik noch nicht ausgerüstet.

Ich möchte dazu noch anmerken, dass keine perfekte Beziehung ohne Streit funktioniert. Um mit Ihrem Partner zusammenzuwachsen ist es wichtig, sich hin und wieder zu streiten.

Ich möchte Online Dating Plattformen nicht verpönen. Sie sind ein guter Weg, neue Leute kennenzulernen oder Bedürfnisse zu befriedigen, manchmal eben auch für perfekte Beziehungen. Online Dating Plattformen werden Ihren perfekten Partner suchen und finden. Dies können Sie alles durch Ihre Eingaben steuern, vergessen Sie jedoch nicht, dass Sie ein Individuum sind und unsere Technik noch nicht ausgereift ist, um auf Individuen einzugehen.

Falls Sie also bereit für eine Beziehung sind rate ich Ihnen an, diesen Wunsch zu verinnerlichen, positiv zu denken und vor allem sich Zeit zu geben. Denn das Gesetz der Anziehung funktioniert auch in der Liebe.

Gesundheit

Ihr Leben läuft momentan auf Hochdruck. Sie haben gerade alle Hände voll zu tun. Zu Hause und auch bei der Arbeit sind Sie vollkommen eingespannt.

Bei der täglichen Kaffeepause wird Ihnen erzählt, dass einer Ihrer Kollegen krankgeschrieben wurde, aufgrund eines Burnouts. Sie fühlen Mitleid für Ihren Kollegen und gleichzeitig denken Sie daran, dass Ihnen das auf keinen Fall passieren darf. Das würde alle Ihre Tasks durcheinanderbringen und Sie völlig aus der Bahn werfen.

Sie zählen auf das Gesetz der Anziehung und setzen sich bewusst das Ziel, dass Sie in dieser stressigen Zeit keinen Burnout erleiden. Zur Sicherheit suchen Sie im Internet noch nach zusätzlicher Unterstützung, damit Sie gesund bleiben.

Das Internet schlägt Ihnen Vitamin B und Vitamin C Tabletten vor. Sie gehen gleich zur Apotheke und besorgen sich die vorgeschlagenen Tabletten. Durch diese Besorgung erhoffen Sie sich, gesund zu bleiben. Sie nehmen die Tabletten täglich ein, wie vom Apotheker vorgeschlagen.

Nach gewisser Zeit bemerken Sie eine unstillbare Müdigkeit, diese tritt auf, obwohl Sie genügend schlafen. Sie gehen erneut in die Apotheke und kaufen Tropfen, die Ihnen von einer Freundin empfohlen wurden.

Obwohl Sie nun eigentlich fit sein sollten merken Sie, dass Sie immer mehr Ihre Motivation verlieren für alles was Sie machen. Sie bleiben immer häufiger mit Kopfschmerzen zu Hause. Sie schlafen viel, nach einiger Zeit besuchen Sie Ihren Arzt, denn die Kopfschmerzen verschwinden einfach nicht.

Welche Diagnose Ihnen der Arzt stellen wird, können Sie sich nun vorstellen. Nun, warum passiert Ihnen das? Sie waren sich dem Risiko bewusst und haben sogar noch nachgeholfen, damit es nicht eintrifft. Trotz allem hat es Sie erwischt. Wie kann das sein?

Genau diese Hilfsmittel sind das Problem. Wie beim Beispiel Liebe sabotieren Sie sich auch in diesem Beispiel wieder selbst. Sie setzen zwar bewusst auf das Gesetz der Anziehung, helfen jedoch künstlich nach mit Tabletten und Tröpfchen.

Sie befinden sich in einer sehr stressigen Zeit, in der Ihr Körper auf Hochtouren arbeitet. Ihr Immunsystem ist dadurch bereits angeschlagen. Sie helfen nun nach mit künstlichen Tabletten und Tröpfchen. Diese künstlichen Tabletten sind oft ein weiterer Stressfaktor für Ihren Körper und lassen ihn nun ganz kollabieren.

Wir haben das Glück, dass ein gesunder Körper grundsätzlich von allem was er braucht, genügend produziert. Zum Beispiel Magnesium. Wenn wir Extremsport machen und noch nicht daran gewöhnt sind, kann es sein, dass wir anfänglich nachhelfen müssen. Dies kann in Form von Magnesiumtabletten sein. Mit der Zeit stabilisiert sich dies meistens und der Körper produziert automatisch mehr Magnesium.

Unser Körper passt sich unserer Umgebung an. Das heißt, dass wir in Normalsituationen und in unserer gewohnten Umgebung gut überleben können. Nun kann man sagen, dass obig genanntes Beispiel keine Normalsituation ist. Das ist richtig, das Problem ist jedoch, dass künstliche Nachhelfer nicht auf dieselbe Weise von unserem Körper aufgenommen werden, wie wenn er einen Stoff selbst herstellt. Zu viel davon können ihn zerstören.

Falls Sie trotzdem der festen Überzeugung sind, dass Sie Ihrem Körper in einer Stresssituation nachhelfen möchten, gebe ich Ihnen einen Tipp. Anstatt auf künstliche Helfer zu setzen, können Sie sich auch auf natürliche Weise die fehlenden Stoffe zuführen.

Dies zum Beispiel in Form von Ernährung oder Sport. Da es sich hierbei um natürliche Hilfsmittel handelt, wird der Körper sie auch ohne Probleme aufnehmen. Ansonsten können Sie auch in dieser Situation voll und ganz auf das Gesetz der Anziehung zählen.

Freiheit

Sie haben gerade Ihren Master-Abschluss abgeschlossen und sind nun endlich bereit für Ihre große Reise. Schon als Sie jünger waren haben Sie sich gewünscht die chinesische Mauer zu sehen, in Indonesien tauchen zu gehen und in Japan Sushi zu essen. All dies ohne Zeitdruck und mit Ihren eigenen Ersparnissen.

Da Sie sich dieses Ziel schon früh in Ihren Kopf gesetzt haben hat sich Ihr Hirn auch dementsprechend darauf vorbereitet, dass Sie Ihr Ziel erreichen. Sie haben dafür jeden Ferienjob angenommen, den Sie finden konnten. Sie haben auf längere Auslandaufenthalte verzichtet und neben dem Studium in der Bäckerei um die Ecke ausgeholfen.

Sie haben es nie bereut, dass Sie während des Studiums auf vieles verzichtet haben. Denn Ihr Ziel war immer präsent in Ihrem Kopf und motivierte Sie weiterhin auf Ihr Ziel hinzuarbeiten.

Eines Tages haben Sie begonnen, sich mit dem Gesetz der Anziehung auseinanderzusetzen. Sie haben dadurch Ihr Ziel bewusst vor dem Unterbewusstsein visualisiert. Ihr Ziel lässt Sie fast zu jeder Zeit positiv denken und Sie setzen alles daran, Ihre Reise nach dem Studium anzutreten.

Sie sabotieren sich nicht selbst, um Ihr Ziel zu verwirklichen. Sie gehen dem natürlichen Lauf Ihres Lebens nach. Das Einzige, dass Sie bewusst ausüben, um Ihr Ziel zu erreichen, ist die unvermeidbare Tätigkeit zu arbeiten. Denn wenn Sie Ihre Reise unabhängig antreten möchten, dann benötigen Sie Geld. Arbeit gehört daher ebenfalls zum natürlichen Lauf Ihres Lebens und behindert das Gesetz der Anziehung nicht.

Ihr Gehirn hat sich darauf ausgerichtet, dass Sie Ihr Ziel erreichen. Durch die bewusste Visualisierung vor dem Unterbewusstsein wurde dies noch verstärkt. Sie werden Ihre Reise bestimmt antreten, genau wie Sie es sich vorstellen. Denn dies ist IHR großes, wahres Ziel.

Karriere

Sie sind bereits ein angesehener Mitarbeiter der oberen Stufe Ihrer Unternehmung. Sie warten nun auf die Rückmeldung, ob Sie den Job zum Abteilungsleiter erhalten oder nicht. Sie haben sich vor zwei Tagen auf die interne Position beworben und warten nun wie auf Eiern. Bereits als Sie bei der Unternehmung angefangen haben war dies ein großer Traum von Ihnen. Und nun ist die Zeit gekommen, an der dieser Traum tatsächlich Wirklichkeit werden kann.

Sie haben sich bereits mit dem Gesetz der Anziehung auseinandergesetzt. Daher haben Sie Ihr Ziel visualisiert und denken sehr positiv über den Bescheid der Personalabteilung. Am darauffolgenden Tag kommt dann tatsächlich der Entscheid, dass Sie zum Abteilungsleiter aufsteigen werden.

Warum haben Sie den Job nun so einfach erhalten? Es geht darauf zurück, dass Sie dieses Ziel bereits verfolgen, seit Sie in der Firma begonnen haben zu arbeiten. Auch wenn Sie sich erst jetzt mit dem Gesetz der Anziehung auseinandergesetzt haben, bestand dieses Ziel bereits in Ihrem Gehirn und hat sich in Ihrem Unterbewusstsein eingenistet. Dies gibt Ihnen die besten Voraussetzungen, dass Ihr Ziel auch in Erfüllung geht.

Sie sehen, dass es nicht darauf ankommt, in welchem Bereich sich Ihr Ziel befindet. Vertrauen Sie auf das Gesetz der Anziehung und vor allem sich selbst. Ihre Ziele werden eintreffen, wie Sie es sich wünschen. Wichtig ist, dass Sie sich nicht selbst durch künstliche Hilfsmittel sabotieren.

Ihre Ziele mit Erfolg erreichen

Sie haben bereits ein Ziel oder sind noch an der Analyse Ihres Lebens, um Ihr individuelles Ziel zu finden. Sobald Sie Ihr Ziel haben, sind Sie bereit, um dieses mit Hilfe des Gesetzes der Anziehung auch zu erreichen. Denn dieses Buch gibt Ihnen das perfekte Werkzeug, um es ab sofort bewusst für all Ihre Ziele anzuwenden.

Ich möchte Ihnen mit diesem Buch aufzeigen, dass alles, was Sie erreichen wollen, auch erreichbar ist. Das einzige, das Sie brauchen, ist die richtige innere Einstellung, das richtige Umfeld, und die richtigen Gedanken und Glaubenssätze. Denn auch in Ihnen steckt ein Star, Sie müssen diesen nur selbst erkennen und ihn ausleben. Es kann sein, dass Sie Ihren Star nicht durch einen Millionen Scheck zum Leben erwecken, wie es Jim Carrey getan hat.

Und auch wenn genau das Ihr Ziel ist: Es geht darum, dass Sie Ihr großes Ziel fokussieren und sich die Mühe und den Wert geben, genau dieses und nicht weniger zu erreichen. Sie sind es sich wert und haben genau dieselben Chancen wie jede andere Person auf diesem Planeten. Denn wie ich bereits in einem vorherigen Paragraphen thematisiert habe, brauchen Sie kein „Talent" oder „Glück" dazu.

Es gibt kein besser oder schlechter. Es gibt Personen wie Sie, die Ziele haben und diese auch proaktiv angehen. Dann gibt es auch andere Personen, die ein Leben „leben", das von anderen gewünscht oder beeinflusst wird, die sich an Richtlinien anderer halten und sich und Ihre Ziele außen vorlassen.

Es liegt nicht daran, dass diese Personen ihre Ziele nicht erreichen, weil alle anderen besser sind. Es liegt daran, dass Sie ihr Leben nicht selbst in die Hand nehmen und keine eigenen Ziele haben. Denken Sie daran, es liegt alles in Ihren Händen. Sie stehen genau da, wo Sie auch stehen möchten, wenn auch unbewusst. Sie sind sich dies nun bewusst und sind mit Ihrem derzeitigen Leben eigentlich gar nicht zufrieden? Nehmen Sie Ihr Leben ab sofort in die Hände und geben Sie alles dafür, da zu stehen, wo Sie stehen möchten.

Es wird Menschen geben, die Ihnen vielleicht im Weg stehen. Diese werden Ihnen vielleicht sagen, dass Sie es nicht schaffen, es nicht wert oder nicht belastbar sind. Sie sind es! Wenn nicht Sie, wer denn sonst? Lassen Sie sich nicht unterdrücken, beeindrucken oder einstufen. Sie sind, was Sie von sich selbst halten. Sie können alles erreichen, was Sie möchten.

Sie brauchen nicht den Glauben oder die Bestätigung einer anderen Person. Die einzige Person, die am Ende jeden Tages an Sie glauben muss, sind Sie selbst. Denn Sie entscheiden, was für Sie richtig und was für Sie falsch ist. Sie entscheiden, welche Ziele Sie erreichen möchten. Sie entscheiden, wie viel wert Sie sich selbst geben.

Genauso entscheiden Sie, wie viel Wert und Platz andere Personen in Ihrem Leben einnehmen. Sie geben der Meinung einer Person, die Sie mehr mögen, der Sie mehr vertrauen, automatisch mehr wert. Genau das sollten Sie bei sich selbst auch machen. Sehen Sie sich als Freund/in, den/die Sie mögen und vertrauen. Und wenn Sie noch nicht soweit sind und sich noch nicht als Freund/in sehen, ändern Sie dies. Die Zeit ist jetzt, „morgen“ ist eine weitere Ausrede.

Sie sind der Picasso in Ihrem Leben und die einzige Person, die Ihr Leben in ein Meisterstück verwandeln kann.

Sie haben zusätzlich die Unterstützung aus diesem Buch. Es zeigt Ihnen auf, wie Sie bestmöglich vom Gesetz der Anziehung profitieren können. Es ist allerdings „nur“ eine Unterstützung. Es nimmt Ihnen die Arbeit nicht ab. Sie müssen selbst an sich und Ihrem Leben arbeiten, um dahin zu kommen, wo Sie sein möchten.

Wenn Sie den Tipps aus dem Buch nachgehen, Ihr Leben analysieren und an den Stellen arbeiten, an denen es noch hakt, werden Sie Ihre Ziele erreichen. Sie werden glücklicher und zufriedener sein. Dies gilt nicht nur für Sie. Denn Sie werden diese positive Energie auch ausstrahlen und treten automatisch selbstbewusst auf.

Sie werden Ihr Umfeld in Ihren Bann ziehen und motivieren, ebenfalls dieses Glück und Zufriedenheit anzustreben. Denn was Sie in Ihrem Umfeld auslösen, sagt viel über Sie selbst aus. Und genau das werden Sie bemerken, wenn Sie Ihren Mitmenschen helfen ebenfalls deren Ziele zu erreichen. Sie werden ihnen Ihren Weg aufzeigen, der Sie bereits zum Erfolg geführt hat.

Das Wichtigste ist, dass Sie Ihre Ziele und die Tipps aus diesem Buch auch wirklich umsetzen und sich Zeit geben, um Ihre Ziele zu erreichen. Wie bereits gesagt, wurde ohne „Tat“ noch nie etwas erreicht. Und die konstanten und wegweisenden Pfeiler in unserem Leben brauchen eben Zeit.

Zusammenfassung

Sie haben nun fast das ganze Buch gelesen. Da es sich um eine Menge an Informationen handelt, möchte ich Ihnen das Buch zum Schluss noch kurz zusammenfassen.

Grundlagen zum Gesetz der Anziehung

- Das Gesetz der Anziehung kommt ursprünglich vom Wort Karma
- Es gibt einen spirituellen und einen psychologischen Aspekt
- Spiritueller Aspekt: Ihre Gedanken werden zur Realität
- Psychologischer Aspekt: Ihr Hirn stellt sich auf Ihre Ziele ein

Wie funktioniert das Gesetz der Anziehung?

- Die innere Einstellung muss stimmen:
    - Selbstliebe: Lieben Sie sich selbst
    - Wertehaltung: Alles hat den Wert, den Sie geben
    - Ziele: Ohne Ziele können Sie nichts erreichen
    - Gefühle: Fühlen Sie sich gut
- Umfeld: Ihr Umfeld bietet Ihnen einen Mehrwert
- Alles hängt von Ihren Gedanken und Glaubenssätzen ab
- Ihr Bewusstsein führt die „Befehle" aus dem Unterbewusstsein aus
- Das Gesetz der Anziehung funktioniert auch unbewusst

Nehmen Sie Ihr Leben ab sofort bewusst in die Hand

- Sie haben die Fäden für Ihr Leben selbst in der Hand
- Leben Sie das Gesetz der Anziehung bewusst

- Wichtig, damit das Gesetz der Anziehung auch wirklich funktioniert:
    - Die Umsetzung
    - Positives Denken
    - Visualisierung der Ziele auch vor dem Unterbewusstsein (man beachte nicht nur das Bewusstsein)

Warum funktioniert das Gesetz der Anziehung bei Ihnen (noch) nicht?

- Ziehen Sie an, was Sie wirklich wollen?
- Um etwas zu ändern muss das Unterbewusstsein angesprochen werden
- Seien Sie geduldig und geben Sie sich Zeit
- Analysieren Sie Ihr Umfeld gut
- Ist der Wille zur Erreichung Ihrer Ziele vorhanden?

Das Gesetz der Anziehung in den verschiedenen Lebensbereichen

- Jedes Ziel kann erreicht werden, egal in welchem Bereich
- Sabotieren Sie sich nicht selbst durch künstliche Hilfsmittel

Nehmen Sie diese kurze Zusammenfassung zur Hand, um sich an die einzelnen Kapitel im Buch zu erinnern. Vergessen Sie nicht, dass jeder Schritt von enormer Wichtigkeit ist. Sie möchten schließlich einen nachhaltigen Erfolg erzielen.

Ich unterstütze Sie gerne mit diesem Buch. Den ausführenden Part müssen jedoch Sie übernehmen. Denn auch hier gilt wieder: Sie sind für alles verantwortlich, was in Ihrem Leben passiert oder eben auch nicht passiert.

Schlusswort

Wie Sie nun sehen können, wenden wir das Gesetz der Anziehung immer an, auch wenn nicht bewusst. Wenn wir negativ denken, ziehen wir Negatives an. Wenn wir positiv denken, ziehen wir Positives an. Alles hat damit zu tun, wie wir eingestellt sind, wie es in unserem Unterbewusstsein und in unserem Bewusstsein aussieht. Alles hat einen Einfluss auf das Gesetz der Anziehung.

Wenn also alles mit dem Gesetz der Anziehung zusammenhängt, ist es auch wichtig, dass alles zu Ihrem Besten steht. Sie müssen zufrieden sein, mit sich selbst und Ihren Taten. Jede geschriebene Zeile ist wichtig, ich möchte jedoch zum Schluss nochmals die wichtigsten 6 Indikatoren dieses Buches hervorheben:

1. **Seien Sie rundum zufrieden mit sich selbst:**

Ihre innere Einstellung, Ihr Umfeld, und Ihre Gedanken und Glaubenssätze stimmen für Sie und machen Sie glücklich. Sie sind voller Positivität.

2. **Seien Sie dankbar für sich selbst und Ihr Hab und Gut**

Praktizieren Sie öfters Dankbarkeit, das wird Sie mit positiven Gedanken ausfüllen. Und denken Sie daran, dass auch negative Geschehnisse positive Auswirkungen auf Ihr Leben haben können.

3. **Setzen Sie sich Ziele**

Ohne Ziele kann nichts erreicht werden. Machen Sie sich vertieft Gedanken zu Ihren Zielen. Setzen Sie sich Ihre eigenen Ziele und nicht künstlich erzeugte Ziele durch die Gesellschaft oder Ihr Umfeld.

4. **Visualisieren Sie Ihr Ziel auch vor Ihrem Unterbewusstsein**

Oft setzen wir uns ein Ziel nur in unserem Bewusstsein. Nachhaltige Änderungen können jedoch nur im Unterbewusstsein erzeugt werden.

5. Setzen Sie um, was Sie sich vornehmen

Es ist wichtig, dass Sie Ihr Ziel aktiv umsetzen. Ohne etwas für seine Ziele zu tun hat noch niemand etwas erreicht.

6. Haben Sie Geduld

Geben Sie sich Zeit, um Ihre Ziele zu erreichen. Hetzen Sie sich nicht und geben Sie nicht auf.

Visualisieren Sie die Schritte und Hilfen aus diesem Buch und setzen Sie diese um. Sie werden durch diese Hilfe und natürlich Ihren eigenen Willen genau dahin kommen, wo Sie sein wollen. Denken Sie daran, Sie entscheiden, wo das ist.

Dank

Ich rate Ihnen an einigen Stellen in diesem Buch an, Dankbarkeit zu praktizieren. Wenn ich Ihnen dies also schon anrate, dann möchte ich mich auch selbst daranhalten. Denn ohne Außeneinwirkung wäre dieses Buch nie zustande gekommen.

Mein erster Dank geht an Sie. Sie haben dieses Buch gekauft, um Ihr Leben durch neuen Einfluss weiter aufblühen zu lassen. Sie lassen sich inspirieren durch eine neue Form und wachsen über sich hinaus.

Mein nächster Dank geht an meinen Verlag. Ohne unser großartiges Team würde dieses Buch nun nicht vor Ihnen liegen.

Ich möchte zudem herzlichen Dank an meine Familie aussprechen. Meine Eltern, die mich erzogen haben und mir immer die Möglichkeit gaben, alles zu verwirklichen, was ich mir wünsche. Auch aus meiner Kindheit gibt es Begebenheiten, die ich heute mit anderen Augen sehe und die ich hinterfrage. Ich weiß jedoch, dass meine Eltern in jedem Moment ihr Bestes gaben, um mich zu unterstützen.

Ein weiterer Dank geht an meinen Ehemann Julius Loewenstein. Er ist eine große Inspiration für mich und unterstützt mich dabei, täglich ein besseres Ich zu werden. Ohne ihn hätte ich nie den Entschluss gefasst, mit meinen Worten Menschen zu bewegen.

Die Arbeit an meinen Büchern hat mich durch eine unglaublich interessante Reise zwischen Spiritualität und Wissenschaft gebracht. Ich habe viel gelernt, was sich in meinem Leben etabliert hat und mich glücklicher und zufriedener macht als jemals zuvor. Neben meinen neuen Einsichten analysiere ich mein Leben jeden Tag und bin mir auch bewusster über meine Gedanken.

Das ganze Buch handelt unter anderem von meinen eigenen Erfahrungen. Diese Erfahrungen haben mein Leben grundlegend verändert. Ich garantiere Ihnen deshalb, dass dieses Buch und das Wissen zum Gesetz der Anziehung auch Ihr Leben verändern wird, denn Sie sind der Schlüssel zu Ihrem Leben.

Mehr von Kristin Berger-Loewenstein...

SELBSTLIEBE
Reise zu Deinem neuen Selbst

Wie Sie Ihre innere Kraft entdecken, zu mehr Glück und Zufriedenheit gelangen und Ihre Persönlichkeit neu aufblühen lassen (inkl. Achtsamkeit Übungen)

„Da ich mich gerade in einer Krise befinde, kommt dieses Buch wie gerufen."

– Amazon Kunde

Beneiden Sie nicht die Glücklichen und Erfolgreichen...

Seien Sie noch heute eine/r von ihnen!

Dieses Buch begleitet Sie **Schritt für Schritt** auf einer emotionalen und aufregenden Reise — hin zu Ihrem neuen, sich selbst liebenden Ich. Dank **einfach nachzumachender Übungen** werden Sie in kürzester Zeit lernen, mit sich selbst im Reinen zu sein und die Tiefen Ihrer Persönlichkeit entfalten.

ISBN: 978-1693621758

Kristin Berger-Loewenstein

Die Top Bestseller im Überblick!

POSITIVES DENKEN
Die Kraft Deiner Gedanken

Wie Sie mit Hilfe positiver Psychologie, Achtsamkeit und den richtigen Glaubenssätzen Resilienz entwickeln und zu einer starken Persönlichkeit werden

„Dieses Buch hat mir den ersten Schritt aus meinen Problemen gezeigt.

– Amazon Kunde

Denken Sie positiv – starten Sie noch heute in ein spannendes, neues Leben voller Zuversicht, Erfüllung und persönlichem Glück.

Sie sind unzufrieden mit sich selbst und auf der Suche nach dem **wahren Glück**? Endlich ist die Lösung da! Kristin Berger–Loewenstein lüftet das Geheimnis rund um ein glückliches Leben und begleitet Sie Schritt für Schritt bei Ihrer persönlichen Entwicklung — mit wertvollen Tipps und praxisnahen Beispielen aus dem echten Leben.

ISBN: 978–1695000186
Kristin Berger–Loewenstein

Weitere Bücher von Kristin ...

EMOTIONALE INTELLIGENZ
Gefühle verstehen

Wie Sie mit Hilfe effektiver Methoden Gelassenheit lernen, Stress bewältigen, Menschen lesen und Schritt für Schritt Ihre Beziehung verbessern

„Öffnet einem die Augen, Dinge anders zu betrachten und zu handeln.“

– Amazon Kunde

Wer heutzutage erfolgreich sein will, muss seine Emotionen verstehen und die Macht der emotionalen Intelligenz für sich beherrschen!

Dieser Ratgeber behandelt alles rund um das Thema Emotionale Intelligenz und zeigt Ihnen **unvorhergesehene Möglichkeiten** auf, wie Sie Ihre Gefühle und Gedanken miteinander in Einklang bringen und durch effektivere Kommunikation ungeahnte Lösungen für Ihren persönlichen Erfolg im Umgang mit anderen Menschen entdecken.

ISBN: 978–1698562346

Kristin Berger–Loewenstein

... und von Julius Loewenstein.

RHETORIK | SMALLTALK | SCHLAG-FERTIGKEIT | SELBSTBEWUSSTSEIN

Das Große 4 in 1 Buch!

Wie Sie die Kunst der Kommunikation, der Körpersprache und selbstbewusstes Auftreten erfolgreich meistern

„Standardwerk für erfolgreiche Kommunikation - das wohl mächtigste Buch zum Thema.“

– Amazon Kunde

Das Große 4 in 1 Buch vom Bestseller-Autor Julius Loewenstein!

Dieser Klassiker umfasst die vier Dauer-Bestseller von Julius Loewenstein. In diesem Buch werden essenzielle Erfolgsstrategien gebündelt und **ungekürzt** in vollem Umfang wiedergegeben. Damit Sie das ganze Paket der Persönlichkeitsentwicklung für Ihren Erfolg aus einer Quelle beziehen und dabei kostengünstig auf wertvolles Praxis-Wissen zugreifen!

ISBN: 978-1073655007
Julius Loewenstein

Printed in Poland
by Amazon Fulfillment
Poland Sp. z o.o., Wrocław

53893199R00060